Reinhard Bein

Zeitzeugen aus Stein

Band 3

Impressum:

Herstellung:
Döring Druck, Druckerei und Verlag GmbH
Koppestraße 6, 38104 Braunschweig
Tel. (05 31) 37 39 30, Fax (05 31) 37 20 28
e-Mail: Doering-Druck@t-online.de

Gestaltung: Günther Langmaack (Döring Druck)

Foto Titelseite:
Figur aus Salzdahlum im Schulgarten Dowesee

Printed in Germany

Braunschweig 1998

ISBN-Nr.: 3-925 268-20-0

Reinhard Bein

Zeitzeugen aus Stein

Band 3

Denkmäler erzählen

Ausflüge in die Landesgeschichte

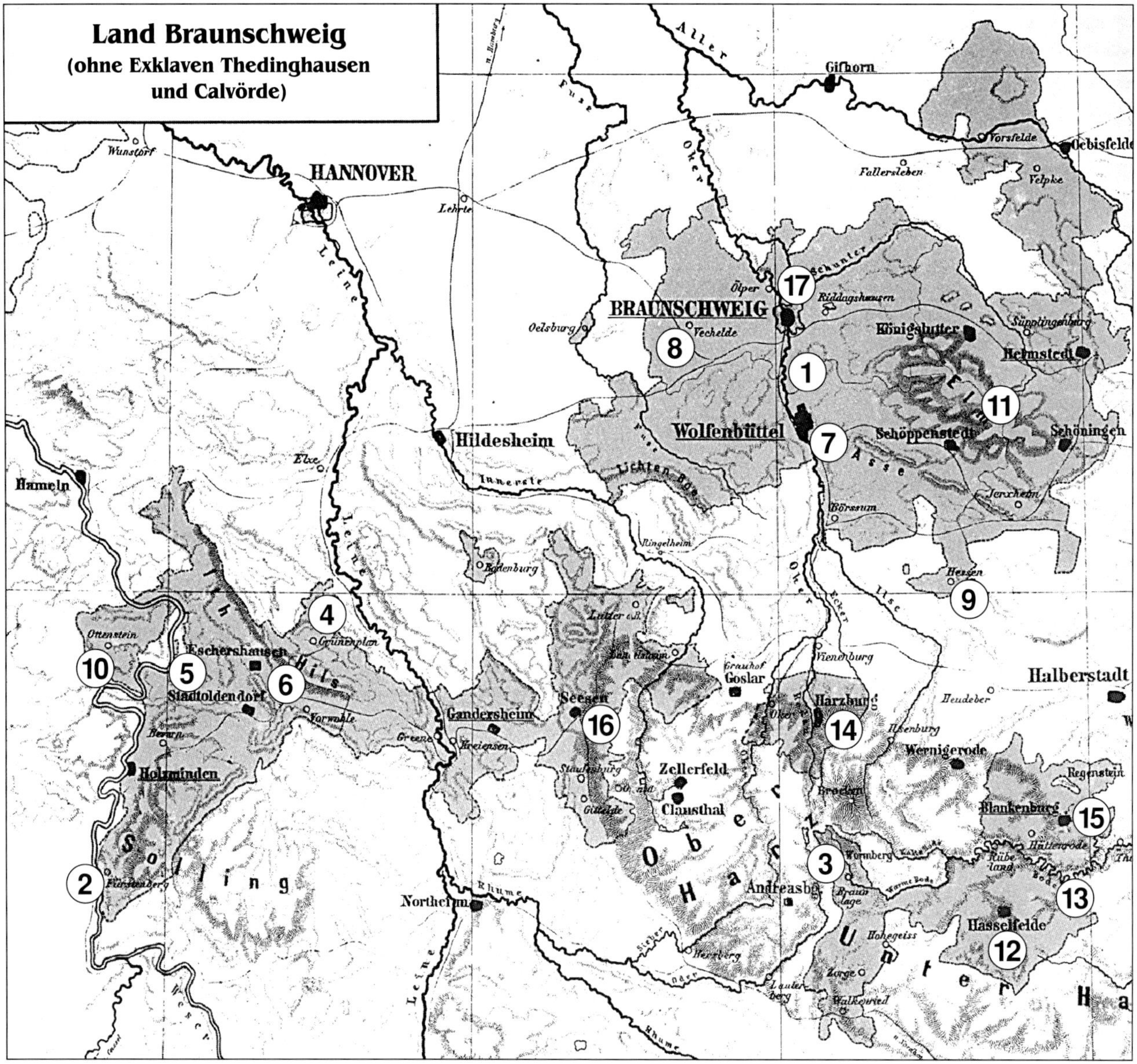
Land Braunschweig
(ohne Exklaven Thedinghausen
und Calvörde)
HANNOVER
BRAUNSCHWEIG
Wolfenbüttel
Hildesheim
Gifhorn
Vorsfelde
Oebisfelde
Fallersleben
Velpke
Lehrte
Wunstorf
Ölper
Riddagshausen
Vechelde
Oelsburg
Königslutter
Süpplingenburg
Helmstedt
Schöppenstedt
Schöningen
Asse
Jerxheim
Börssum
Ringelheim
Hessen
Halberstadt
Heudeber
Vienenburg
Goslar
Harzburg
Ilsenburg
Wernigerode
Regenstein
Blankenburg
Hüttenrode
Rübeland
Wernigerode
Hasselfelde
Hohegeiss
Zorge
Walkenried
Braunlage
Andreasbg
Herzberg
Zellerfeld
Clausthal
Seesen
Gittelde
Gandersheim
Kreiensen
Greene
Bodenburg
Elze
Hameln
Grünenplan
Eschershausen
Stadtoldendorf
Vorwohle
Ottenstein
Bevern
Holzminden
Fürstenberg
Northeim
Hils
Solling
Elm
Ober Harz
Unter Harz
Aller
Fuse
Oker
Schunter
Leine
Innerste
Ilse
Ecker
Rhume
Weser
Lichtenberge
1
2
3
4
5
6
7
8
9
10
11
12
13
14
15
16
17

Inhaltsverzeichnis

Fettdrucke im Text geben Querverweise an.
Kursive Fettdrucke *verweisen auf Ausflugsziele.*

Reiterstandbilder der Herzöge Friedrich Wilhelm (Kapitel 9) und Carl Wilhelm Ferdinand (Kapitel 8), in Kupfer getrieben von Georg Howaldt, 1874 vor dem Residenzschloss in Braunschweig aufgestellt und am 10.11.1874 von Herzog Wilhelm eingeweiht. Heutiger Standort: Kurt-Schumacher-Straße.

Einleitung

Sie haben nichts Spektakuläres an sich, die bescheidenen Denkmäler, von denen hier erzählt werden soll. Sie künden nicht von epochemachenden Ereignissen, und wenn sie von historischen Figuren berichten, sind dies oft Gescheiterte. Und sie verstecken sich in der Landschaft, überragen sie nicht wie Siegeszeichen. Die großen nationalen Monumente in Deutschland ziehen noch heute Touristenmassen an, auch wenn uns das nationale Pathos eines Völkerschlacht- oder Niederwalddenkmals Unbehagen auslösen mag. Ihr bloßes Vorhandensein als Landschaftsmarken macht sie zum Anziehungspunkt für Ausflügler.
Oft sieht man die dann ratlos oder irritiert ihre Blicke auf Kolosse richten, deren Bildsprache sie nicht verstehen. Oder will jemand behaupten, er könne sich mit dem Cherusker Arminius identifizieren und sich an dessen Sieg gegen die Römer begeistern? Ein Schulausflug zum Wilhelmdenkmal an der Porta Westfalica, der der Huldigung der Reichseinheit und der nationalen Vergewisserung dient? Undenkbar! Allenfalls zur kritischen Auseinandersetzung mit dem deutschen Nationalismus und Imperialismus ist solch ein Ziel wählbar. Auschwitz hat die Helden vom Sockel geholt. Der Nationalsozialismus hat die Deutschen so weit von der eigenen Herkunft entfremdet, dass sie sich nicht mehr mit der Geschichte ihres Landes identifizieren wollen und können. Damit haben auch die großen National-Denkmäler ihren Identität stiftenden Gehalt verloren. Sie waren ein Produkt des 19. Jahrhunderts, das den Nationalstaatsgedanken propagierte.

Ältere Denkmäler wurden von Personen für Personen gesetzt: Sühnesteine, Grabmale, Epitaphe. Andere waren Ausdruck der Frömmigkeit: Mariensäulen, Wegkreuze, Pestsäulen. Ein Denkmal wie der Braunschweiger Burglöwe oder Standbilder großer Herrscher sind als Ausdruck von Macht singulär. Die Barockzeit schuf viele Denkmäler, aber nicht als Zeichen eines die Nation feiernden Programmes, sondern als Augenreize in Gärten und Schlössern für die herrschenden Adligen und ihren Hofstaat. Und das symbolische Programm von Herrschaft und Allmacht, das in den Figuren steckte, diente damals der eigenen Versicherung, heute der ästhetischen Erbauung und Erinnerung an eine geschichtliche Epoche. Von solchen Denkmälern ist im ersten Teil dieser „Ausflüge“ die Rede.

Erst im 19. Jahrhundert dienten Denkmäler der Erziehung des Volkes zu nationaler Einmütigkeit. Flächendeckend entstanden sie an exponierten Stellen, meist ohne konkreten Anlass und ohne Bezug zum jeweiligen Ort. Allein 130 Bismarckdenkmäler wurden in die deutschen Länder gepflanzt. Im Gefolge dieser Nationalismus fördernden Denkmäler fühlten sich die Zeitgenossen berufen, Gedenksteine zu setzen, die unterschiedliche Aspekte ihrer Geschichte in Erinnerung riefen. Diese Steine haben zumeist konkrete Anlässe und Bezüge zum jeweiligen Standort. Das macht sie als Objekte historischer Betrachtung interessant. Von ihnen vor allem handelt der zweite Teil dieser „Ausflüge in die Landesgeschichte“.

Herzogliches Residenzschloss in Wolfenbüttel im Aussehen nach dem Umbau durch den Landbaumeister Hermann Korb; Hauptsitz der braunschweigischen Herzöge bis zum Umzug in die Residenz Braunschweig 1753

Das Fürstentum Braunschweig-Wolfenbüttel 1685 - 1806

Dieses welfische Fürstentum erreichte unter der Regierung des Herzogs **Heinrich Julius** (Regierungszeit: 1589-1613) seine größte Ausdehnung. Es erstreckte sich in dieser Zeit über den gesamten Bereich des südlichen Niedersachsen. Bevor es jedoch zu einem festgefassten Territorialstaat werden konnte, zerfiel es wieder: Nach dem Tode des Herzogs kamen größere Teile des Landes unter die Herrschaft der anderen welfischen Linien. Von 1651 an (bis 1941) veränderte sich der territoriale Bestand des Fürstentums (später Herzogtums) Braunschweig-Wolfenbüttel nur noch unwesentlich.

Unter den Herzögen Rudolf August (1666-1704) und besonders unter **Anton Ulrich** (1685-1714) entwickelte sich das Land zu einem ausgebildeten absolutistischen Staat mit einer zentralen Verwaltung und Gesetzgebung (durch Herzog und Geheimen Rat), einer zentralistischen Justizverwaltung (Kanzlei mit Justizämtern im Land als untere Instanz) und der Kammer als Vermögensverwaltung (Domänen, Forsten, Regalien). Die Stände verloren ihre Funktion als Mitbestimmungsträger.

In Herzog Anton Ulrich bekam das Land Braunschweig einen Vorgeschmack auf absolutistische Prachtentfaltung und Verschwendungssucht. Der Herzog, dessen Vorbild Ludwig XIV. war, baute in **Salzdahlum** ein Schloss als Abbild von Versailles, leistete sich ein prächtiges Opernhaus und gab gewaltige Summen für Oper, Ballett, Theater und eine bedeutende Gemäldesammlung aus.

Anfang des 18. Jahrhunderts vereinigten sich die übrigen welfischen Linien zum Kurfürstentum Hannover. Braunschweig-Wolfenbüttel verlor an Bedeutung und suchte durch Anlehnung an das aufstrebende Preußen Schutz. Die Herzöge wurden nun nicht länger kaiserliche Generäle, sondern preußische.
Die zentrale Figur des 18. Jahrhunderts für Braunschweig war Herzog **Carl I.** (1735-1780). In seiner Regierungszeit wandelte sich der Staat zur aufgeklärt-absolutistischen Monarchie. Er reformierte die Verwaltung und den Bildungsbereich, förderte die Wirtschaft und musste schließlich die Stände wieder mitregieren lassen, als staatliche Verschwendungssucht und **Siebenjähriger Krieg** (1756-1763) den Staat an den Rand des Ruins brachten. Sein Mitregent in späteren Jahren und Nachfolger **Carl Wilhelm Ferdinand** (1780-1806) hatte bis ans Ende seiner Herrschaft damit zu tun, die Schulden seines Vaters abzutragen. Er musste dafür sogar Soldaten an England und die Niederlande vermieten. Mit ihm und der Besetzung des Landes durch die Truppen Napoleons endete die Phase des Absolutismus in Braunschweig.

Denkmäler, Gedenksteine, Skulpturen, Grabplatten und Porzellanfiguren erzählen als Zeitzeugen von sich und ihrer Zeit. Sie übermitteln uns verschiedene Aspekte der Epoche des Absolutismus.

Rokokopavillon von 1759, 1908 als Clubhaus des Braunschweiger Tennis- und Hockey-Clubs in den Bürgerpark versetzt, mit den Putten vor dem Treppenaufgang; (Postkarte von 1914)

1 Die Figuren von Schloss Salzdahlum

Ein Paradies auf Erden wird verkauft

Text in Zusammenarbeit mit Bernd Bredemeyer

Schauplatz Friedrich-Kreiß-Weg am Bürgerpark

Rechts und links einer schön geschwungenen barocken Treppe stehen sandsteinerne Putten, die männliche sitzt auf einem Baumstumpf, die weibliche lehnt sich dagegen. Sie wirken müde, die Gesichter sind gezeichnet – kein Wunder, denn sie drückt die Last ihrer Jahre und der Verlust ihrer Heimat. Ursprünglich einmal standen sie in Salzdahlum im prächtigen Barockgarten ihres Herrn, des Dichterfürsten Herzog Anton Ulrich (1633-1714). Die Treppe führt auf ein graziles schmiedeeisernes Tor zu, mit den Initialen auf den gleichen Dichterfürsten weisend. Das Tor umschloss und bewachte einen zarten Pavillon. Ihn zerriss der letzte Krieg, so verlor das Tor seinen Zaun und also seine Funktion. Und der schmucklose Flachbau, der heute dahinter steht, ist vom Tor getrennt, weil er sich schämt, so abgrundtief hässlich sein zu müssen.

Ein Paradies auf Erden

Blättern wir zurück: In einer hügeligen Landschaft, zwischen Asse und Elm gelegen, wuchs zwischen 1688 und 1694 ein Schloss im Stile des Barock empor, dessen Vorbilder Versailles und das Palais Luxemburg in Paris waren. Ein Garten schloss sich an, der ebenbürtiges Gegenstück zu Herrenhausen sein wollte. Und so wie Herrenhausen durch eine Baumallee mit Hannover verbunden war, verband eine Baumallee Salzdahlum mit der fünf Kilometer entfernten Residenzstadt Wolfenbüttel.

Der kunstsinnige und vielgereiste Herzog Anton Ulrich, ein Zeitgenosse Ludwigs XIV. von Frankreich, teilte sich seit 1685 die Herrschaft im Fürstentum Braunschweig-Wolfenbüttel mit seinem Bruder Rudolf August. Als Mitregent genügte ihm das kleine Schloss in Wolfenbüttel als Residenz nicht mehr. So erwarb er schon seit 1672 etwa 350 Morgen Grundbesitz in Salzdahlum und beauftragte 1687/88 den Wolfenbütteler Architekten Johann Balthasar Lauterbach mit der Planung eines „Fürstlichen Lust-Schlosses".

Natürlich schielte er nach Frankreich: ein Schloss wie das Ludwigs XIV. sollte es sein! Versessen waren sie geradezu, die deutschen Fürsten all der vielen kleinen Staaten, es dem französischen König nachzumachen. Ausgeführt und vollendet wurden Schloss und Garten durch den Bauvogt Hermann Korb, einen gelernten Tischler, zwischen 1690 und 1694.

Die geschätzten Kosten beliefen sich auf etwa 100.000 Taler (Jahrespension Korbs: 100 Taler). Sehr preiswert also für ein Schloss. Dem fürstlichen Wunsch nach einem „Paradies auf Erden" standen nämlich die bescheidenen Mittel seines Duodezfürstentums gegenüber. So musste Anton Ulrich statt in Stein und Marmor in Holz und Stuck arbeiten lassen. Das Ergebnis war immerhin der größte Fach-

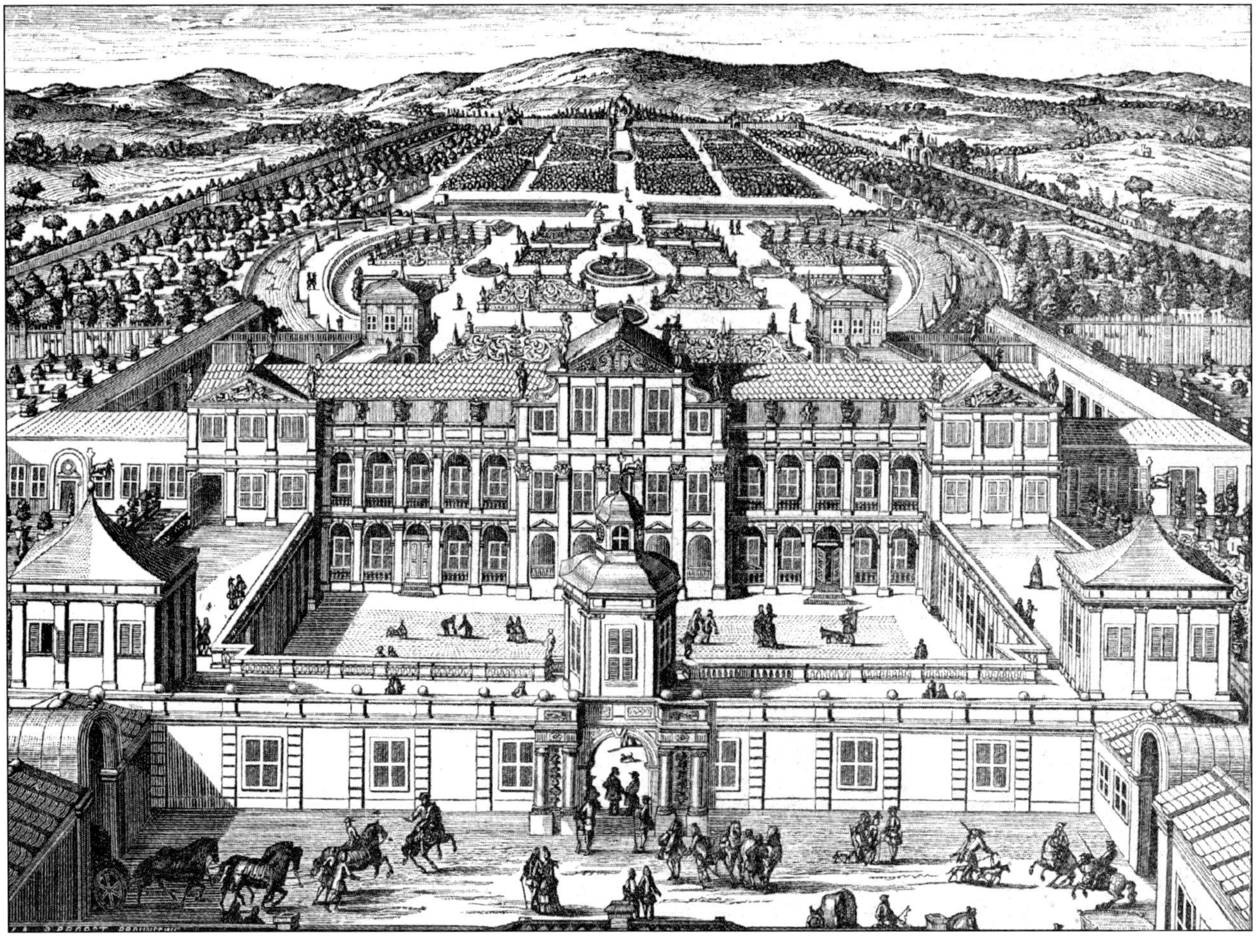

Schloss Salzdahlum, Hauptgebäude und Gartenanlage; Peter Schenk Amsterdam 1715

werkbau in Deutschland! Was die Bauern von Salzdahlum dazu sagten, ist nicht überliefert.

Die Anlage des Schlosses und Gartens

Durch die beiden Einfahrten (an der heutigen Verbindungsstraße zwischen Ahlum und Mascherode) gelangten Besucher in die Vorhöfe mit Kavaliers- und Bediensteten-wohnungen, Wagenremisen, Pferdeställen und Magazinen. Im mittleren Vorhof lagen Küche und Keller. Dem zweiten Hof, als Front vorgelagert, waren links die Orangerie für die nicht winterfesten Pflanzen, in der Mitte ein achteckiger Uhrenturm und rechts die 57 Meter lange Galerie für eine Gemäldesammlung, um die ihn in der Tat so mancher europäische König beneidete (1129 Gemälde, darunter 6 von Raffael, 7 von Tizian, 23 von Rembrandt und 5 von Dürer sowie über 8000 Stück chinesisches Porzellan und venezianisches Glas).
Gegenüber lag das Hauptgebäude für den Fürsten und seine Familie, das gartenseitig durch zwei Flügel erweitert war (Theater und Logierräume für hohe Gäste). Hoher und teurer Besuch kam öfter, die preußische Verwandtschaft vor allem, aber auch Zar Peter I. schaute vorbei.
Der absolutistische Fürst herrschte über Mensch und Natur, jedenfalls in seiner Vorstellung. Die Untertanen des Dritten Standes spürten es daran, dass ihnen die Steuern das Mark aus den Knochen sogen. Ludwig XIV. ließ Versailles in den Sumpf bauen, um der Welt zu zeigen, dass er auch die Natur beherrscht. Anton Ulrich hatte in Salzdahlum keinen Sumpf zur Verfügung, aber dass er sich als absoluter Herrscher fühlte, das sollte auch seine Schlossanlage versinnbildlichen.
Während dieses selbst als Machtsymbol steht und die Figur des Herkules am Hauptgebäude auf seine tugendhafte, starke und unumschränkte Herrschaft hinweisen soll, symbolisiert der Parnass (Heimat des griechischen Gottes Apollon) am Ende des Gartens diesen Herrscher als Schützer und Förderer der Kunst.
Dazwischen liegt der mathematischen Grundsätzen folgende Garten als Symbol der geordneten und gesetzmäßigen Herrschaft in seinem Land. Dem Garten zugehörig sind u.a. eine Eremitage (als Verkörperung der Wissenschaften), ein Naturtheater (als Ort der Erleuchtung des Verstandes) und ein Irrgarten. Dieser ist nicht allein Ort bloßer Lustbarkeit, sondern Ebenbild des Chaos, aus dem heraus der Weg in die geordnete Welt des Absolutismus gefunden wird.
Immer wieder und so auch hier bemerkten die Zeitgenossen, dass dieser Fürst mehr scheinen wollte, als er sein konnte. So urteilte einer über den Irrgarten: *„Wir sahen die sogenannten grünen Irrgänge mit ihren Pforten. Sie werden Irrgänge genennet, sind aber eigentlich keine, sondern nur einige wenige Gänge mit hohen Hecken, davor ein hohes Portal von Brettern zusammen geschlagen, ziemlich schlecht gemacht, auch nicht grün bewachsen, sondern nur mit Laubwerk bemalt.“*
Während die unzähligen künstlerisch angelegten Blumenboote, Hecken- und Baumalleen, Teiche und Wasserbekken die ordnende Hand des Fürsten zeigen sollten, der sein Land von Beamten durch seine Gesetze lenken lässt und durch ein stehendes Heer schützt, verherrlichten die unzähligen Statuen und Plastiken mythologisch das gute Regiment des Fürsten.
Große Aufmerksamkeit bei den Zeitgenossen erregte auch eine chinesische Pagode (Tempelturm), die erste ihrer Art

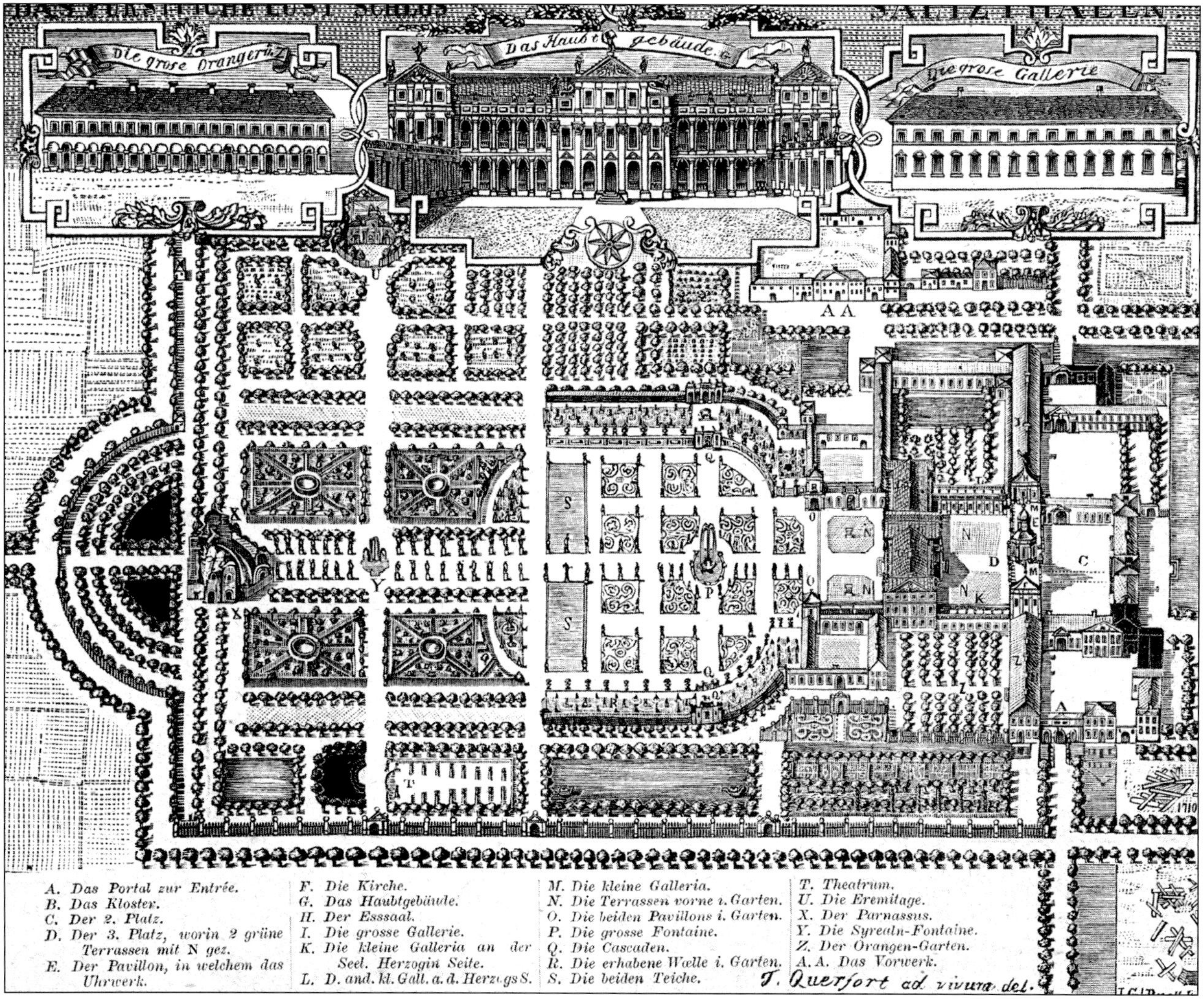

Schloss Salzdahlum, Vogelschauplan von Schloss und Garten; Romeyn de Hooghe 1708

in Deutschland und Vorbild für zahlreiche Nachahmer. Sie war Ausdruck der Beschäftigung Anton Ulrichs mit den Schriften des chinesischen Philosophen Konfuzius, dessen Werk das Zusammenleben der Menschen sinnvoll und für alle gleich verbindlich regelt. Baumreihen und Staketzäune schlossen den Park gegen die Umgebung ab. So öffneten sich dem Besucher Schlosspark und Garten erst, wenn er die Vorhöfe und den Torpavillon durchschritten hatte. Die höfische Gesellschaft, die sich in diesem Schloss bewegte, lebte nach einem strengen Zeremoniell und höfischer Etikette.

Abbruch und Versteigerung

Schloss und Garten überlebten Herzog Anton Ulrich nur um hundert Jahre. Schon sein Nachfolger war nicht gewillt, die hohen Unterhaltskosten auf die Dauer zu zahlen – der Zeitgeist wandelte sich, prunkvolle Barockschlösser lagen nicht mehr im Trend. In der Regierungszeit **Carl Wilhelm Ferdinands** (1780-1806) begann der Verfall des hölzernen Monstrums: 1797 wurde die Orangerie abgerissen, 1811 schenkte König **Jerome von Westphalen** der Stadt Braunschweig das Schloss zum „Abbruch“. Im Gegenzug musste sich die Stadt verpflichten, das Residenzschloss in Braunschweig für ihn repräsentativ auszubauen. Um diese kostspielige Aufgabe kam sie herum, denn Jeromes Reich war nicht von Dauer.

Aber dem geschenkten Gaul schaut man nicht ins Maul, also versteigerte die Stadt von 1811 bis 1820 Möbel, Bilder, Skulpturen, Teile der Gebäude und des Gartens öffentlich und meistbietend. Zuvor hatte Jerome die wertvollsten der über 300 Gemälde des Schlosses nach Paris bzw. in seine Residenz nach Kassel bringen lassen. Nicht alle kehrten nach dem Fall der napoelonischen Reiche zurück nach Braunschweig (ins heutige Anton-Ulrich-Museum).
In Salzdahlum ist noch die Schlosswache mit Marstall (Braunschweiger Straße 25) und das Bettenmeisterhaus (Braunschweiger Straße 31) erhalten geblieben, heute in beklagenswertem Zustand. Einige kleine Gebäude (z.B. das Pagenhaus in Groß-Vahlberg) oder Gebäudeteile (etwa die „Nische“ im Herrenhaus von Groß Stöckheim) sind andernorts wieder aufgebaut oder verwendet worden. Die steinernen Skulpturen gelangten in die Gärten des ländlichen Adels, der Großbauern und des städtischen Besitzbürgertums. Es traf sich gut, dass Herzog Carl Wilhelm Ferdinand die Wälle der Stadt Braunschweig schleifen ließ, so dass Platz wurde für Parks und repräsentative Wohnbauten jenseits der städtischen Enge. Dort baute die städtische Oberschicht ihre Villen und schmückte die Gärten mit Skulpturen des Herzogs. So endete Anton Ulrichs Traum vom Paradies auf Erden.

Auf Spurensuche

1932 machte sich H. Edel auf die Suche nach den Figuren und Skulpturen, die nach der Versteigerung in alle Winde verstreut worden waren. Er schreibt: *„Nach 1800 wurden die Festungswerke der Stadt Braunschweig auf Befehl des Herzogs Carl Wilhelm Ferdinand durch Peter Jos. Krahe parkartig im englischen Stil umgewandelt und prächtige Bauplätze für vornehme, herrschaftliche Villen mit schönen, baumreichen Gärten und Rasenplätzen geschaffen. Daß die Besitzer dieser herrlichen, noch heute oft bewunderten Grundstücke in den ehemaligen Wallanlagen sich den*

Putte aus dem Schloss Salzdahlum im BTHC – Die Monatsfigur Juli mäht Getreide

Verkauf der Gartenstatuen, der in jener Zeit stattfand, zunutze machten, um ihre Gärten damit auszuschmücken, ist ganz erklärlich und mehrfach bezeugt... Um festzustellen, wieviel Figuren hier in Braunschweig noch etwa zu finden sind, habe ich mich bemüht, seit mehreren Monaten die alten Gärten der patrizischen Familien zu durchforsten."
Er fand bei seiner Suche in Braunschweig noch 140. Er fand sie im Garten des Bankiers Löbbecke, Celler Str.1 (18 Figuren), beim Konservenfabrikanten Herrling am Bültenweg 66 (5), bei Frau von Lauingen, Fallersleber-Tor-Wall 16 (15), bei Löbbecke und Girsewald, Inselwall 17 (23), in Litolffs Garten, Wollmarkt 13 (14) und im Tennishaus am Bürgerpark (13), um nur die wichtigsten Adressen zu nennen.
Für eine kleine Ausstellung über das Schloss Salzdahlum machten wir uns 1998 auf die Suche. Vieles hat offensichtlich der Krieg bis zur Unkenntlichkeit zerstört, an mancherlei Orten vermuten wir Diebstahl. Wir begannen mit dem ***Schulgarten am Dowesee***, und hier fanden wir mehr, als Edel aufgelistet hat, z.B. einen Dionysos, der weit über die Landschaft schaut (vgl. Titelbild), und eine der vielen Monatsfiguren: den Februar, einen Knaben mit Beil, der abgehauene Äste bei sich hat (Zeit des Holzhauens). Die Putten und Skulpturen akzentuieren den Park auf glückliche Weise.
Danach verließ uns das Glück: Im Löbbecke-Haus Celler Straße (heute Nr.3) fanden wir einen leergeräumten Garten vor, offenbar waren die Figuren schon zur NS-Zeit versetzt worden, als zur Straße hin ein zusätzliches Gebäude errichtet wurde und das Haus als Reichsschule des Deutschen Handwerks diente. Auch der Garten des Hauses Fallerleber-Tor-Wall 16 ist trostlos leer. Das Haus diente in der NS-Zeit dem Kommandeur des Luftflottenkommandos, General Felmy, als Residenz; heute hat der NDR sein Studio Braunschweig dort untergebracht. Die Häuser Inselwall 17 und Bültenweg 66 gehören der Stadt, die einstmals herrschaftlichen Gärten wurden dezimiert und bebaut. Putten? – Fehlanzeige! Das Denkmalsamt weiß nicht, wo sie geblieben sein können.
Auf ***Löbbeckes Insel*** überlebten nur zwei schöne Skulpturen und an der Villa, heute Gästehaus der TU, ein Fries mit Jagdszenen. Als sich das ***Landesmuseum*** noch allein in der Ulrichskirche Hinter Aegidien befand, stand dort auf dem Vorplatz, wo heute Heinrich der Löwe aus dem Tympanon des Residenzschlosses Platz gefunden hat, die Skulptur Raub der Proserpina. Sicherlich der falsche Ort, denn symbolisieren sollte sie in einem Garten den Wechsel der Jahreszeiten. Heute trafen wir sie, noch zweckentfremdeter, unter Dach und Fach im Landesmuseum am Burgplatz.
In Litolffs Garten an der alten Stadtmauer zwischen Kaiserstraße und Inselwall haben einige Putten und Vasen den Krieg überlebt. Die dazugehörige Villa gehörte dem Musikverleger Henry Litolff (1818-1912), und in seinem schönen Garten gaben sich die Komponisten des 19. Jahrhunderts ein Stelldichein. Nach der Zerstörung von Haus und Betriebsgebäude im zweiten Weltkrieg errichtete eine Lebensversicherung mehrere Häuser auf dem Gelände. Der Garten ist jedoch nicht zugänglich.
Ein paar kleine und zwei prachtvolle große Skulpturen fanden wir endlich noch im ***BTHC am Bürgerpark***. Einige rahmen die Freiterrasse ein, lugen zwischen Pflanzenwuchs hervor und beobachten die Besucher und Kaffeegäste. Eine

Figur der Andromeda von Ignaz Eichler im BTHC (links). Raub der Proserpina, Statue aus dem Schloss Salzdahlum; Postkarte vom damaligen Standort „vor dem Vaterländischen Museum" mit dem Stempel 1908

von ihnen, eine kleine Dame mit Perlenkette, ist am Sockel mit „Afrika“ bezeichnet – ein Löwe, ein Füllhorn und Weizenähren sind ihr beigegeben. Der Weg zu den Tennisplätzen führt an Andromeda, *„einer wundervollen Barockfigur mit pathetischem Augenaufschlag“*, vorbei. Sie ist die einzige Statue mit einem Künstlermonogramm (IE enit et fecit - Ignaz Eichler hat sie erdacht und gemacht). Ihr zur Seite steht ein römischer Fechter, der das Schwert zieht und alle vertreibt, die Andromeda befreien wollen. Am Rande der Tennisplätze stehen weitere Putten, eine davon ist „Amerika“. Sie trägt einen Gürtel aus Federn und hat ein Flusspferd als Begleitung. Die Putten für die beiden anderen Kontinente, die damals bekannt waren, sind verschwunden, vermutlich im Krieg zerstört wie der schöne Barockpavillon.

Ein zweiter Satz aller vier Figuren der Kontinente steht hingegen in Hildesheim vor dem ***Roemer- und Pelizaeus-Museum.*** Sie sollen aus Salzdahlum stammen. Edel gibt an, dass 1932/ 1933 mehrere Putten „in Hildesheim, Sedanstraße/ Ecke Goslarschestraße, Besitzer Ahlborn“ standen.

2 Die Kaffeegesellschaft von Fürstenberg

Weißes Gold von der Weser

Herzog Carl I.

Im Museum der Porzellanmanufaktur des Fürstentums Braunschweig-Wolfenbüttel ist dem Porzellanmodelleur Jean Desoches ein Saal gewidmet mit Büsten berühmter Persönlichkeiten. Unübersehbar ist die Porträtbüste Carls I., des braunschweigischen Herzogs der Zeit des aufgeklärten Absolutismus. Im Rombrich-Saal stehen Figurengruppen als Zeugen seiner Zeit, Denkmäler ganz anderer Art, so die kulturgeschichtlich besonders interessante „Kaffeegesellschaft“.

Carl I. (Regierungszeit: 1735-1780) lebte wie der König von Frankreich, ohne dass ihm dessen finanzielle Mittel zur Verfügung standen. Französisches Ballett und italienische Oper, eine Vielzahl von Mätressen und ein großes Heer (zeitweise 16.000 Mann bei einer Bevölkerungszahl von 160.000) verschlangen ungeheure Summen, die schließlich zu Schulden von 12 Millionen Talern anwuchsen. Die Einkünfte seines kleinen Fürstentums hingegen beliefen sich auf jährlich 1,5 Millionen Taler. Er galt aber nicht nur als der am höchsten verschuldete Landesherr Deutschlands, sondern auch als ein Förderer der Künste und der Wissenschaften und zog bedeutende Männer in seine Dienste. Bezahlt hat er sie höchst unterschiedlich. Der

Modell des Jagdschlosses Fürstenberg im Museum der Porzellanmanufaktur.
1747 wurde das herzogliche Amtshaus in eine Porzellanmanufaktur umgewandelt.

Theaterdirektor Nicolini (Italiener galten als weltgewandt, charmant und vielleicht deshalb als bedeutend) erhielt ein Gehalt von 30.000 Talern. Der Dichter Lessing musste sich mit 300 Talern im Jahr zufrieden geben (Deutsche galten als plump und schwerfällig). Er schrieb an seine spätere Frau: *„Es ist ein Irrtum, dass kleine Souveräne den Gelehrten und Künstlern förderlich seien; sie sind es nur in dem Maße, als Wissenschaft und Kunst ihnen Amusement machen und man ihnen hofmännisch schmeichelt. Das verstehe ich nicht... Ich fühle mich hier, als wäre ich in einen Sarg gedrückt; ich kann keine Bücklinge machen, um mich zu empfehlen."*
Carl verschwendete und sparte zugleich. Er förderte die Industrie, die **Land- und Forstwirtschaft** und den Handel, ließ das Land vermessen, um zuverlässige Steuerkataster zu bekommen, und schuf steuersichernde Einrichtungen wie die Pflicht-Brandversicherung (heute Braunschweiger Öffentliche), die Leihhausanstalt (heute Nord LB) und die den Staat entlastende Witwen- und Waisenkasse.

Experimente mit Porzellan

In seiner krampfhaften Suche nach Geld beschäftigte er auch Scharlatane, die ihm versprachen, Gold zu machen. Aber sie fanden weder die Formel für Gold noch den Stein der Weisen. Als offenbar wurde, dass es mit der Goldmacherei nicht klappte, verlegten sich zahlreiche Schwindler auf das Porzellanmachen. Aber es dauerte bis 1745, ehe das Meißener Geheimnis sich allmählich verbreitete. **Johann Georg von Langen**, der Oberjägermeister des Herzogs, der zahlreiche Ideen hatte, um des Herzogs leere Schatullen zu füllen, überzeugte Carl, dass bei einer sachgemäßen Durchforstung des Weserwaldes ein großer Überschuss an Holz anfalle, der für den Aufbau einer leistungsfähigen Glas- und Porzellanindustrie dienen könnte.
1744 trat er mit dem Laboranten Glaser in Verbindung, der behauptete, etwas von der Porzellanmacherei zu verstehen. 1747 wurde das Amtshaus, Schloss Fürstenberg, in eine Porzellanmanufaktur umgewandelt. Dem Porzellan Glasers aber fehlte das Kaolin: es „stand" nicht im Feuer. Glaser war ein Schwindler, dem andere folgten.
Erst 1753 gelang es, feuerbeständiges Porzellan herzustellen. Carl erhielt sogleich vom weißen Gold ein feines Tafelgeschirr und war hocherfreut. Er ordnete an, dass es hinfort das blaue F als Markenzeichen tragen sollte. Und seine Gattin **Philippine Charlotte**, Schwester Friedrichs des Großen, schrieb an von Langen, sie wolle sogleich ihr altes Porzellan nach Fürstenberg schicken, damit neues daraus gemacht werden könne.
Wenn behauptet wird, Fürstenberg sei die zweitälteste Porzellanmanufaktur Deutschlands, so ist das vielleicht nicht ganz seriös. Denn nach Meißen (1710) war es die Kurmainzische Porzellanmanufaktur Höchst, die 1746 die Fabrikation aufnahm. Allerdings besteht sie nicht mehr. Und wenn man ehrlich sein will, gelang es den Fürstenbergern erst 1753, richtiges Porzellan herzustellen. 1748 aber wurde im bayerischen Neudeck die Fabrikation aufgenommen, allerdings später nach Nymphenburg verlegt. Wem also gebührt der Ruhm?
Kaum lief die Produktion, war das Werk bereits wieder in großen Schwierigkeiten. Der **Siebenjährige Krieg** (1756-1763), genaugenommen war dies der erste Weltkrieg, brach aus. Braunschweig stand an der Seite Preußens

Eine Porzellanmalerin bei der Bemalung der Figurengruppe „Kaffeegesellschaft" des Porzellankünstlers Jean Desoches

gegen Frankreich und Russland, und schon 1757 drangen die Franzosen raubend und plündernd in die Weserregion des Fürstentums ein und brachten die Porzellanfabrikation zum Erliegen. Erst nach dem Ende dieses schrecklichen Krieges blühte Fürstenberg auf und erlebte eine Glanzzeit, von der es heute noch zehrt.

Die Figurengruppe Kaffeegesellschaft

Neben dem Tafelgeschirr schufen die Porzellanmodelleure Simon Feilner, Carl Gottlieb Schubert und der Franzose Jean Desoches in diesen Jahren bezaubernde Figuren, wie z.B. die aus über 100 Formen zusammengesetzte Kaffeegesellschaft, die Jahreszeitengruppe oder den Tafelaufsatz zur Feier des 50. Geburtstages des Herzogs **Carl Wilhelm Ferdinand** (Regierungszeit: 1780-1806).

Die „Kaffeegesellschaft" ist aus vielerlei Gründen interessant. Das späte Rokoko (1765-1780) war stark von Rousseau beeinflusst, suchte nach natürlichen Lebens- und Umgangsformen, entdeckte das Familienleben neu und forderte eine natürliche Kindheitserziehung. Der „Kaffeegesellschaft" von 1770 ist dies anzusehen: Sie ist anmutig und heiter, befreit von der posierenden Steifheit der höfischen Gesellschaft **Herzog Anton Ulrichs**. Bürgerliches Leben und darin die Betreuung und das Spiel der Kinder stehen im Vordergrund. Wie entscheidend sich die Anschauungen von Kultur und Lebensart gerade in der Zeit nach dem Siebenjährigen Krieg gewandelt hatten, belegt eine Anzeige aus einer Werbeschrift des Fabrikanten Förster für „Braunschweigischen Cichorien-Caffee" von 1773: *„Lispeln Sie Ihrem zärtlichen Deutschen ins Ohr. Nein! sagen Sie ihm mit heller Stimme, daß sein blasses Gesicht mehr Annehmlichkeit haben würde, wenn er aufhörte, es mit Punsch und andern hitzigen ausländischen Getränken zu erröten: schlagen Sie ihm Rheinwein vor: erklären Sie ihm mit Hilfe eines Arztes, daß seine bläsige Haut nicht soviel Knöpfchen und frühe Runzeln zeigen würde, wenn er nicht mehr die Schweißlöcher seines Hauptes mit Mehl und Fett verkleisterte. Schminkt er sich, so stellen Sie ihn bei dem Käfig eines Papageien. Lassen Sie die etwa noch vorrätigen Gewürze tief in die Erde vergraben, so daß auch kein brauchbares Tier daran fresse, und füllen Sie ihre Krautladen (gemeint: Kohlrouladen) mit wohlschmeckenden gesunden deutschen Kräutern an. Machen Sie ihn aber auch erfinderisch; geben Sie ihm keinen Kuß, wenn er Ihnen nicht monatlich einen Entwurf oder auch nur einen gesunden Gedanken zur Verbesserung des Vaterlandes opfert. Doch genug, ich gebrauche Sie nur auf den Weg zu helfen; Ihr sinnreicher Verstand wird die Vaterlandsliebe viel glücklicher als meine Worte verbreiten. Nur noch eine einzige Bitte, schlagen Sie dieselbe mir und dem Vaterlande nicht ab. Ihre Erfüllung wird der Anfang dieses großen Werkes sein. Finden Sie Ihren lieben Deutschen folgsam, so belohnen Sie ihn: Nehmen Sie ihn mit in Ihr Zimmer, geben Sie ihm eine Schale – aber ja Preußischen oder Braunschweigischen Cichorien-Caffee. Es ist Ihre Erfindung."*

Das „Zurück zur Natur!" Rousseaus wird verbunden mit einer Abkehr von der französisch geprägten höfischen Mode des Schminkens und Puderns. Natürliche Lebensweise verlangt der Text und den Verzicht auf teure Importe – Franzosenhass und Patriotismus sind eine Frucht des Siebenjährigen Krieges. Wir dürfen annehmen, dass die Kaf-

Wandern
Rechterhand vom Ausgang verlässt man nach wenigen Schritten die Hauptstraße und biegt in einen Waldweg ein, der zur Weser und die Weser entlang führt.

Schloss Fürstenberg
Sehenswert ist vor allem der dreigeschossige Torbau (heute Eingang zum Museum, im Mittelalter Zugbrückentor) mit seinem in der Renaissance aufgesetzten Giebel und den Monogrammen von Herzog **Heinrich Julius** und seiner Gattin Elisabeth. Das Porzellanmuseum Fürstenberg ist in der Hauptsaison vom April bis Oktober von Dienstag bis Sonntag und an den Feiertagen von 10.00 bis 18.00 Uhr geöffnet. In der Nebensaison nur Samstag und Sonntag von 10.00 bis 17.00 Uhr. Telefon 0 52 71 / 40 11 04.

Essen und Trinken
Im Hof der Porzellanmanufaktur lädt das Cafè „Lottine“ (Kosename der Herzogin **Philippine Charlotte**) zum Verweilen ein. Serviert wird stilgerecht in Fürstenberger Porzellan. Der Blick auf das Wesertal ist unbezahlbar.

fee-Gesellschaft ausländischen Bohnenkaffee ablehnt und gesunden braunschweigischen Zichorienkaffe trinkt. Die Majorin Heine aus Holzminden hatte nämlich 1769 mit Christian Gottlieb Förster eine Zichorienfabrik gegründet, die 1770 nach Braunschweig verlegt wurde, weil die Zichorienwurzel dort besser gedieh. In den folgenden Jahren wurde der Zichorienkaffee aus Braunschweig sehr populär.

Die Porzellanmanufaktur heute

Die Fürstenberger Porzellanmanufaktur geriet, nachdem der Massenbedarf an Gebrauchsporzellan in unseren Nachkriegsjahren gedeckt war, in den 70er Jahren wieder einmal in die Krise. Sie hatte Glück, dass sie in der Nord LB einen „geduldigen Eigentümer" hatte, wie es in einer Selbstdarstellung heißt. So konnen die notwendigen Modernisierungsmaßnahmen ohne Hast und eine Rückbesinnung auf traditionelle Formen mit Fingerspitzengefühl durchgeführt werden. Den heutigen guten wirtschaftlichen Erfolg verdankt die Manufaktur mit ihren rund 200 Beschäftigten, laut „Braunschweiger Zeitung" vom 26. 9. 1998, dem „Trend zur neuen Prächtigkeit" in Mitteleuropa und Norditalien. *„Die Wiederbelebung des Festmenus als familiäres und gesellschaftliches Ereignis erfordert festliche Tischdekorationen. Die im Jahre 1805 entworfene Form „Empire", leicht erkennbar an dem hohen, sich weit über den Tassenrand erhebenden Henkel, steht in der Gunst der Kunden wieder obenan."* So erschrecken den „prächtigen Käufer" nicht einmal die prächtigen Preise. Wer aber in der Verkaufshalle der Manufaktur den Kauf von zweiter Wahl nicht scheut, erhält Exklusivität zu einem guten Preis.

3 Das Kartoffeldenkmal bei Braunlage

Wie Herzog Carl I. die Commercien förderte

Herzog Carl I. regiert das Land

Am 3.November 1747 befahl Herzog Carl I. dem Jägermeister von Wolfskehl von der fürstlichen Kammer in Blankenburg per Erlass: *„Wir haben den gnädigsten Beschluß gefasset, zu Aushelfung des so sehr heruntergekommenen Orts Braunlahe eine Brandtewein-Brennerey daselbst anzulegen und zu solchem Endzweck eine gewisse, dem Hof-Jäger-Meister von Langen bekandte Art von Erd-Aepfeln in dasiger Gegend anbauen zu lassen und aus solcher vermittelst des Torfes Brandtewein zu brennen.*

Gedachter Hof-Jäger-Meister, welchem Wir desfalls sein Gutachten abgefordert, ist nun des Davorhaltens (der Auffassung), daß gewisse abgetriebene Örter (Kahlschläge) in denen Forsten, welche in keinem Anwachs stehen, zu erwehnter Anbauung der Erd-Aepfel dergestalt zu aptieren (anzupassen, umzustellen sind), daß zugleich der Holzanwuchs dabey geschehen, ja dadurch befördert werden könne (d.h. in wechselnden Reihen Fichtenschösslinge und Kartoffeln); sobald die jungen Tannen in solchen Anwuchs kommen, daß sie vom Grase nicht mehr unterdrücket werden können, (wird) ein frischer Ort angewiesen und denen

Porzellanbüste Herzog Carls I. im Porzellanmuseum Fürstenberg

Untertahnen zu besagter Absicht eingegeben.. Gleich wie Wir nun sothane Vorschläge genehmigt, also befehlen Wir euch gnädigst hiemit, daß ihr zu mehr gedachtem Behuf (Zweck) 12 Morgen in Brand-Hey sofort anweisen lasset, und dem Amtmanne zu Braunlahe aufgebet, daß er dazu noch in diesem Herbst das Nötige veranstalte."

So regierte Carl sein Land: per Erlass und ganz ohne Landstände, die seit 1682 zu keinem allgemeinen Landtag mehr eingeladen worden waren. Damit ihre Anweisungen unverzüglich ausgeführt wurden, hatten die absolutistischen Fürsten auf sie vereidigte Amtmänner in die Amtsbezirke ihres Territoriums eingesetzt. Was aber war der Grund für diese merkwürdige Verfügung *„zu Aushelfung des so heruntergekommenen Ortes Braunlahe"*?

Herzog Carl I. gönnte sich eine verschwenderische Hofhaltung und ein teures Heer. Auch für ihn war Frankreich das Vorbild. Trotz höchster Steuern stieg die Verschuldung des Fürstentums Braunschweig-Wolfenbüttel zwischen 1735 und 1760 von 1,5 auf 10,5 Millionen Taler. Hofjägermeister **Johann Georg von Langen** als wirtschaftlicher Berater des Herzogs empfahl seinem Landesherren die Ankurbelung der Commercien (Wirtschaft, Handel und Verkehr), um langfristig die Einnahmen des Staates zu verbessern. Carl hörte auf seinen Ratgeber. Besonders in der Weserregion, die schlimm unter dem 30-jährigen Krieg gelitten hatte, entstanden eine Reihe von Wirtschaftsunternehmen: die Carlshütte als Eisenhütte in Delligsen (1743), die **Spiegelglashütte in Grünenplan** (1744), die **Porzellanmanufaktur in Fürstenberg** (1747) und die Eisen- und Stahlfabrik in Holzminden (1748). Gleichzeitig wurden Weserschifffahrt und Hafenbau gefördert.

Der sieche Harzdistrikt

Der Erzreichtum des Harzes hatte im 16./17. Jahrhundert eine vom Bergbau und Hüttenwesen geprägte Industrielandschaft entstehen lassen. Gefördert wurden Silber, Buntmetalle und Eisen und zumeist vor Ort verarbeitet. Die Rohstoffgewinnung erforderte große Mengen an Holzkohle, welche die mit Laubbäumen dicht bestandene Umgebung der Harzorte lieferte. Als Folge der intensiven Nutzung der Wälder war der Oberharz um 1700 schon weitgehend kahlgeschlagen, so dass bereits Hochmoortorf (die Ortschaft Torfhaus erinnert daran) genutzt und Holz aus dem Solling herangefahren werden musste. Schlossen die Schächte aus Holzmangel, dann schlossen die Hüttenwerke, die Poch- und Hammerwerke, und das Elend zog in die kahlgeschlagenen Harzorte ein. Für viele blieb dann nur die **Auswanderung**. Wer blieb, schlug sich mit Köhlerei durch, mit Kanarienvogelzucht („Harzer Roller"), mit Holzschnitzerei und Kiepengängerei (Bote und Händler zugleich)

Die braunschweigischen Herzöge hatten 150 Jahre lang guten Gewinn aus dem Erzreichtum des Harzes gezogen, der im 18. Jahrhundert deutliche Rückgang der Erzgewinnung traf die Finanzen schwer. Auch im Fürstentum Blankenburg, das 1599 als erledigtes Lehen zum Fürstentum Braunschweig-Wolfenbüttel gekommen war, hatte es eine Reihe von Eisenhütten gegeben. Die letzte war 1736 in Braunlage geschlossen worden, weil sie wegen heimischem Holzmangel nicht mehr rentabel arbeiten konnte. Die Braunlager verarmten und lebten von Köhlerei und Viehzucht als einzigen Einnahmequellen. Als im Winter 1741/42 auch noch das Rindvieh verhungerte, weil der Winter

Ansicht von Braunlage von 1652 mit der Eisenhütte, die 1736 geschlossen wurde. Stich von Buno-Merian

lang und streng ausfiel, drohten sie mit **Auswanderung**, falls nicht schnelle Hilfe käme. Sie forderten 600 Taler zum Ankauf von Vieh, vorschussweise die Überlassung von Flachs und Wolle zur Heimarbeit und die Privilegierung der Branntweinbrennerei.

Die Kartoffel, ein wenig bekanntes Nahrungsmittel

Erst 1747 reagierte der Herzog, nachdem er sich mit von Langen beraten hatte, mit seiner Verfügung über den Kartoffelanbau. Von Langen war von folgenden Überlegungen ausgegangen: Langfristig war im Harz nur noch mit einer planmäßig betriebenen Forstwirtschaft Geld zu machen. Der Herzog aber war im wesentlichen an Wirtschaftsunternehmen interessiert, die kurzfristig Gewinn brachten. Also befürwortete er die Privilegierung einer Schnapsfabrik in Verbindung mit der Ansiedelung der Kartoffel, die noch weitgehend unbekannt war, und der planmäßigen Wiederaufforstung der gewaltigen Kahlschläge. Kahlschläge deshalb, weil sich damals noch niemand Gedanken über die Wiederaufforstung machte, man überließ es der Natur, sich selbst zu helfen. So glichen die Forsten Wüsteneien.
Der Plan unserer Verfügung von 1747 ist so zu verstehen, dass die Untertanen quasi als Forstknechte beschäftigt werden sollten. Sie sollten die abgeholzten Flächen von den Stubben befreien, den Boden roden und jeweils Fichtensetzlinge und Saatkartoffeln in abwechselnder Reihe pflanzen. Die Setzlingsreihen hätten sie solange zu hegen, bis diese sich gegen das Gras behaupten konnten. Nach und nach wäre so Brachland in nutzbringenden Forst verwandelt worden – eine geniale Idee also.

Die Verfügung von 1747 ging nun an die Fürstliche Kammer in Blankenburg. Der zuständige Amtmann Fricke war ratlos. Mit „Erdaepfeln" wusste er nichts anzufangen, vermutete, dass man sie im Herbst pflanzen müsste und fragte bei von Langen an, um welche Art von Gewächs es sich handele. Von Langen antwortete im Februar 1748 aus Fürstenberg an der Weser: *„Es ist ein Erdgewächse, welches in einer Haushaltung sowohl von Menschen als Vieh sehr nützlich zu brauchen stehet, indem zum öfteren auf einen Morgen 60 bis 100 Scheffel gerodet werden. Unsere hiesigen Nachbarn, die Hessen-Casselschen-Untertanen, machen Mehl und Puder aus diesen Früchten, welches sehr weiß wird und nach weiterem Gebrauch einen sehr guten Brei nachbekommt. Die hiesigen Unterthanen (gemeint sind die Fürstenberger) brauchen solche zum Kochen und den Überfluß zu Mästung des Viehes. Es sollen auch französische Emigranten in Karlshafen an der Weser aus diesen Erdtöffeln, wenn solche in die Fermentation gestellet werden, Brandtewein daraus verfertigen."*
Die Hessen hatten schon seit dem frühen 17. Jahrhundert Erfahrung mit Kartoffeln und auch Braunschweiger, nur war dieses Wissen längst wieder verloren gegangen. Herzog **Heinrich Julius** (1564-1613) besaß in ***Hessen am Fallstein*** ein Schloss mit Garten im italienischen Stil, der in 12 „Quartiere" (Flächen) von je 80 Quadratfuß eingeteilt war. Im „Neglein-Quartier" (meint: Nelken) z.B. wuchsen *„Pomerantzen, Citronen, Feigen, Granaten, Lorbeeren, Oliven und dergleichen fremde Bäumlein mehr"*, und es wurde für sie in der *„Winterzeit ein Dach darüber gebauet und mit Ofen zugerichtet, daß man Feur einmachen und die Gewächse vor dem Frost verwahren kundte"*, wie Hof-

Schachbrett mit Porzellanfiguren im Museum der Manufaktur Fürstenberg, die Herzog Carl I., seine Gattin Philippine Charlotte und als Springer den Hofjägermeister Johann Georg von Langen darstellen sollen. Eingefügt: Porzellanportrait J. G. v. Langens.

gärtner Johann Royer 1653 schrieb. Dieser baute im „Küchen-Quartier" auch Kartoffeln an und erläuterte: *„Die Tartuffeln werden in der Fasten mit dem vollen Monden-Schein (an den Vollmondtagen vor Ostern) in feistes, mürbes und sandiges Erdreich gepflanzet. Gegen den Winter aber, wenns anfangen will zu frieren, werden sie außgegraben und im Keller mit Sande verwahret, daß man sie zur Speise brauchen könne."* Nach Braunschweig gekommen sein sollen sie als Geschenk des Kaisers an Heinrich Julius anlässlich eines Besuches in Wien.

Kartoffeln beheben die Not

Kehren wir zurück nach Braunlage: Im Mai 1748 wurde der „Jägerbursche" Rönnecke als Kundiger mit Saatgut nach Braunlage geschickt, um die Bewohner in den Anbau der Kartoffel einzuweisen. Versuchsweise wurde am „Brand-Hey", einem Kahlschlag, heute mitten im Walde, zunächst mit einem Drittel Waldmorgen begonnen. Die Ernte war mäßig, im Herbst konnten 19 Scheffel geerntet und in guten Kellern auf Stroh für die neue Aussaat aufbewahrt worden. 45 Taler hatte die herzogliche Kasse für Mist, Lohn und Einzäunung ausgegeben, aber nur, da es ein trockener Sommer war, das Saatgut für das nächste Jahr erwirtschaft. Mehr durfte das Projekt aber nun nicht mehr kosten. Im folgenden Jahr 1749 erhielten die Braunlager kein Geld mehr für die Arbeit in den herzoglichen Forsten, sondern wurden mit dem Versprechen auf Kartoffeln im Herbst entlohnt. Das passte ihnen nicht, und sie schickten ihre Kinder, statt selbst zu kommen. Statt der geplanten zwölf Morgen konnten folglich nur vier bearbeitet werden – man versteht es, das Stubbenroden ist eine verfluchte Knochenarbeit. Im folgenden Jahr 1750 setzte der Amtmann dafür zusätzlich Sträflinge ein, aber auch das half nichts: Für das Frühjahr 1751 meldete sich kein Braunlager mehr, so dass das Projekt aufgegeben werden musste. Das heißt aber nicht, dass der Kartoffelanbau gescheitert war. Die Braunlager hatten den Wert der Erdäpfel als Grundnahrungsmittel erkannt und sie in ihren Gärten angepflanzt. Sie forderten sogar von der Kammer zusätzliche Flächen. Und die Forstverwaltung erlaubte daraufhin den Kartoffelanbau auf ehemaligen Waldflächen, die am Rande der Wiesen lagen, die den Ort umgaben. So entstanden Ackerterrassen, die noch heute bei der Wetterstation zu erkennen sind.

Die Brüder von Langen

Reich machte die Braunlager die Kartoffel nicht, aber sie half ihnen zu überleben. Erst Mitte des 19.Jahrhunderts zog wieder ein wenig Hoffnung in die dahinsiechenden Harzorte ein. Erholungsuchende entdeckten das deutsche Mittelgebirge, Ärzte und Apotheker empfahlen sein Reizklima. Seit 1883 war Braunlage Luftkurort des Herzogtums, und erst jetzt besserten sich die Lebensverhältnisse der Einheimischen allmählich. Kurorte brauchen einen Kurpark und Spazierwege, und Spazierwege brauchen Ziele: ein Gasthaus, ein Naturdenkmal, ein Tempelchen oder einen Gedenkstein. So ist es nicht verwunderlich, dass der aufstrebende Kurort eine ganze Reihe von Denkmälern errichten ließ, um dem Publikum anregende Wanderziele zu bieten: An Johann Georg von Langen erinnert ein Gedenkstein auf der Steinklippe im Kurpark. Seines Bruder Franz Philipp (1709-1751), ebenfalls Oberjägermeister beim Her-

Wandern

Zum Kartoffeldenkmal gelangt man nur zu Fuß. Vom Ortszentrum Braunlage geht oder fährt man die Straße nach Hohegeiß und Zorge. An der Straßenteilung beginnt als Waldweg die Alte Tanner Poststraße. Man folge der Ausschilderung vom Denkmal.

Essen und Trinken

Immer noch die beste Adresse in Braunlage für gute Harzer Gerichte ist die „Tanne".

Das Kartoffeldenkmal bei Braunlage

zog, gedenkt ein Stein bei der Wetterwarte. Und das Kartoffeldenkmal am Brandhai, neben einem in Pommern das einzige in Europa, verweist seit 1885 auf die Anfänge der planmäßigen Forstwirtschaft und den ersten Versuch, die Kartoffel im Harz heimisch zu machen.

Zwei Denkmäler für Johann Georg von Langen. Zu Lebzeiten erntete er weniger Dank. Er und sein Bruder hatten im Dienste des dänischen Königs in Norwegen Erfahrungen mit der planmäßigen Forstwirtschaft gesammelt. Johann Georg kehrte 1742 nach Deutschland zurück und half dem Grafen von Stolberg und Wernigerode, Ordnung in seine Wälder zu bringen. Es folgte eine Anstellung im Fürstentum Braunschweig-Wolfenbüttel als Oberforstmeister in der Weserregion. Sein Bruder Franz Philipp kam 1747 zurück und übernahm die gleiche Position in der braunschweigischen Harzregion. Beide schufen die Grundlage für die Forstwirtschaft im Harz. Franz Philipp starb jung im Jahre 1751 in **Blankenburg**. Dort in der Katharinenkirche erinnert ein Epitaph an ihn.

Sein Bruder war der herzoglichen Administration mit seinen vielen guten Ideen lästig, er störte ihren Beamtenschlaf empfindlich. Und es gelang ihnen durch ihre Ignoranz, Johann Georg von Langen 1763 aus dem Lande zu graulen. Er ging wieder nach Kopenhagen, wo er die Forstwirtschaft der Insel Seeland reformierte und eine forstwirtschaftliche Schule einrichtete. Er starb 1776 auf Schloss Jägersburg. Im Kirchenbuche heißt es: *„Exzellenz Johann Georg v. Langen död paa Jagersborg, med stor Ceremonie begraven og lag i Capellet.“* Dort ruht er noch heute.

4 Das von Langen-Denkmal in Grünenplan

Die Glashütten im Hils

Wanderglashütten

Im Hils, in der Nähe von Grünenplan, entdeckten Archäologen bei Ausgrabungen 1983 die frühest-bekannte Wanderglashütte Mitteleuropas, wertvolle alte Gläser wurden bei den Grabungen gefunden. 1998 hatten die sorglosen Archäologen Pech. Sie ließen zwei wertvolle Funde am Ausgrabungsort zurück. Am nächsten Tag waren sie gestohlen.

Das waldreiche Mittelgebirge hat also eine weit zurückreichende Glasmachervergangenheit. Zwischen dem 12. und 18. Jahrhundert existierten zahlreiche solche Wanderglashütten, 32 konnten durch Ausgrabungen bis heute nachgewiesen werden. Über sie schrieb auch Merian in seinen Städtebildern 1654:

„Es sind auch in diesem Walde zweene ansehnliche Glasehütten vorhanden, In deren jeden bey die 24. Personen continuirlich, so Tages als Nachtes, blasen und arbeiten, und wird eine jede Hütte in zwo Seiten abgetheilet, uff deren eine die Wein- und Biergläser, auff der andern aber das Schorff- und Fensterglaß, auch schöne helle Fensterscheiben verfertiget werden. Das Glaß wird in grosser menge binnen Landes verkaufft, das meiste aber ausserhalb, nacher Bremen, Ambsterdam und Holland, auch von dannen in weit andere Länder verfahren.“

Ansicht des Glasmacherortes Grünenplan mit der Glashütte und den Siedlungshäusern der Beschäftigten im Hintergrund (Postkarte mit dem Poststempel von 1899)

Sie hießen Wanderglashütten, weil sie dem Holz nachzogen, immer von der Quelle flußabwärts. Hatte der Betreiber die Konzession des Landesherren, so konnte er beginnen. Nach alter Väter Sitte dauerte die Saison von Ostern bis Michaelis (11. November). Danach kehrten die Glasmacher aus ihren primitiven Unterkünften im Wald zu ihren Familien in den umliegenden Dörfern zurück. Im Winter schlugen sie am neuen Standort der wandernden Glashütte Holz für die nächste Saison und stellten Pottasche her, die sie für die Glasschmelze benötigten.

Johann Georg von Langen

Im 17.Jahrhundert kam der Betrieb von Wanderglashütten zum Erliegen (im Hils 1670). Steigender Bedarf an Glas und die unermüdliche Suche Herzog **Carls I.** nach neuen Geldquellen zur Finanzierung seiner aufwendigen Hofhaltung veranlassten den herzoglichen Hofjägermeister **Johann Georg von Langen**, die Glasindustrie im Fürstentum auf eine feste Grundlage zu stellen.
Von Langen stammte aus der Grafschaft Henneberg und wurde dort 1699 im Schloss Oberstadt geboren. Das gute Leben endete früh, als der Vater 1712 das gesamte Gut verspielte. Der älteste Bruder fiel im Duell um den Besitz des Schlosses. Johann Georg musste also früh fremde Dienste annehmen. Standesgemäß als Page bei der Herzogin Elisabeth Leonore von Sachsen-Meiningen, später in Blankenburg. Hier erhielt er eine sorgfältige Ausbildung im Forst- und Jagdwesen, das sein berufliches Schicksal werden sollte.
Nach Abschluss seiner Ausbildung sah er sich die europäische Welt des Adels an und schaute sich in den Forsten um. 1726 bis 1737 und noch einmal von 1745 bis 1763 war er in braunschweigischen Diensten als Forst- und Jägermeister und Berater des Herzogs. Auf dem Lehrpfad in Grünenplan erinnert ein Denkmal an sein Wirken.

Die Spiegelglashütte in Grünenplan

1744 in Grünenplan (Hils) und 1748 Schorborn (bei Stadtoldendorf, Betrieb bis 1841) ließ er Glashütten errichten und schuf gleichzeitig eine leistungsfähige Forstverwaltung, die dafür zu sorgen hatte, dass die kahl geschlagenen Flächen planmäßig wieder aufgeforstet wurden. Um den Betrieb in Grünenplan zu sichern, holte er Glasmacher aus Bayern und Waldarbeiter aus dem Harz. Für sie ließ er eine ***Werksiedlung auf dem Holzberg*** in Grünenplan errichten, eine der ältesten ihrer Art. Aus historischer Sicht gesehen leider, sind nur wenige der Häuschen im ursprünglichen Zustand erhalten geblieben. Doch die Großzügigkeit der ganzen Anlage der 64 Häuser *„von einerley Größe und Einrichtung benebst großem Gartenland"* wird der Besucher noch nachvollziehen können, sich auch ein Bild machen können vom sozialen Gewissen dieses vorbildlichen Adligen.
1750 bat von Langen den Herzog um die Anlage eines „**Ortes**", d.h. die Erlaubnis zur Ansiedlung von Handwerkern und Kaufleuten für die Versorgung der Glasmacherfamilien (*„Und über diese bekommen Eure Herzogliche Durchlaucht einen neuen mit lauter geschickten Künstlern und Handwerckern bewohnten Orth, die sich (mit) ihrer Hände Arbeit nähren und dem Lande Glück bauen helfen."*).
Die erste wichtige Erfindung dieser neuen Glashütte gelang schon 1752: Erstmals in Deutschland konnte Spiegelglas durch das Gießverfahren hergestellt werden. Dieses

Wandern

Einen knappen Kilometer hinter Grünenplan in Richtung Alfeld zeigt ein großes Holzschild mit der Aufschrift „Landeskundlicher Lehrpfad. Staatliches Forstamt Grünenplan" den Beginn eines landschaftlich schönen und interessanten Wanderweges oberhalb des Glasmacherortes. Auf dem Parkplatz erinnert ein Denkmal für von Langen an dessen Tätigkeit, und eine Schautafel berichtet über sein Leben und Wirken als Forstmeister. Eine weitere Tafel zeigt die Stationen dieses Weges und gibt Hinweise auf die folgenden Schautafeln, u.a. über Waldbau, die Wirtschaftsgeschichte des Weserdistriktes des Landes Braunschweig, u.a. die **Porzellanherstellung**, die Sozialgeschichte des Hils, die jagdliche Bewirtschaftung, die Vogelwelt, die Glasgewinnung im Hils und führt zu den Resten einer Wanderglashütte.
Für den Autofahrer günstiger ist der zweite Zugang zum Lehrpfad. Er beginnt am Ortseingang (Straße nach Alfeld), dort wo sich ebenfalls ein großes Hinweisschild der Forstverwaltung befindet (Station 2). Von hier führt eine Stichstraße zum Lehrpfad (oben an der Weggabelung links abbiegen). Der Lehrpfad endet am Wald-Kinderspielplatz. Von da erreicht man die Glasmachersiedlung, die Museen, den Glasturm und geht über den Alfelder Weg zurück zum Parkplatz der Station 2 (6 Kilometer).

Oberhalb der heutigen Glashütte lassen sich einige der historischen Glasmacherhäuser betrachten. Zwei Museen informieren über das Glasmachen:

Erich-Mäder-Glasmuseum, Am Park 2

(Fremdenverkehrszentrum). Geöffnet vom 1. Mai bis 30. September dienstags und donnerstags von 14.00 bis 16.00 Uhr und sonntags von 14.00 bis 17.00 Uhr, im Winter sonntags zwischen 14.00 und 17.00 Uhr. Schwerpunkte: Glasmacherkunst von den Anfängen bis zur Gegenwart; mittelalterliche und frühneuzeitliche Glashütten im Hils.

Glasmacherhaus, Kirchtalstraße 13

(in der Glasmachersiedlung). Gleiche Öffnungszeiten. Schwerpunkte: Entwicklung der Grünenplaner Glashütte ab 1744 bis heute. Führungen durch die Museen nach Vereinbarung (Tel. 0 51 87 / 77 13 51 oder 72 08).

Essen und Trinken

Im Ortskern „Lampes Posthotel", Cafè und Restaurant (Montag Ruhetag), umfangreiches Angebot an interessanten Fleisch- und Fischgerichten. Gilde Bier

Denkmäler im Kontext

Im Ort der Glasturm und die Bronzefigur des Glasmachers

Verfahren nahmen die Pächter der Hütte in die Welt mit: 1784 errichteten sie in den Vereinigten Staaten eine Spiegelglashütte nach Grünenplaner Vorbild, 1789 eine weitere in Dorpat (Russland).
Über den Nutzen des faszinierenden Werkstoffes Glas und der Glashütte schrieb der Kammerrat Heinemann 1786 ein Gutachten im Auftrage des Herzogs **Carl Wilhelm Ferdinand**, der, weil er eisern sparen musste, alle Unternehmungen seines Vaters **Carl I.** auf ihren wirtschaftlichen Wert überprüfen ließ: *„Eine Spiegelglashütte ist eine so ausgebreitete wichtige Fabrik, als wol wenig zu finden seyn werden. Sie ist eine Zierde eines Staates; sie setzt das Holz in Werth; sie veredelt Naturproducte als (wie) Sand und Kalk, die sonst ungenutzt vergraben bleiben würden; sie zieht viel fremdes Geld ins Land; sie bevölkert Örter, die außerdem (sonst) unbewohnbar seyn würden; sie beschäftigt viel und noch mehr Menschen, als eine Eisenhütte.*
Die Grünen-Planer-Spiegel-Hütte hat alle Vortheile, die die Natur einer solchen Anlage gewähren kan; guten Schmelz- und Schleif-Sand, die beide auf eine lange Reihe von Jahren geschaft (beschafft) werden können; Kalk und brauchbaren Thon in der Nähe, Solling-Steine in mäßiger Entfernung und liegt mitten in buchen Waldungen, die das schonste Scheitholz auf lange Jahre liefern können." Eine überzeugendere Argumentation für den Betrieb von Glashütten konnte sich der Herzog wohl schwerlich wünschen.
Im 19.Jahrhundert verlegte sich die Firma, inzwischen verkauft, auf die Produktion von optischen Spezialgläsern, und dies ist auch heute noch das wichtigste Produktionsprogramm der Deutschen Spiegelglas AG (Schott DESAG), einer Tochtergesellschaft der Glasfabrik Schott in Mainz.

5 Die Grabplatte Münchhausens in Kemnade (Bodenwerder)

Die Aufklärung macht die Bürger rebellisch

Die Kindheit Münchhausens

Bodenwerder nennt sich heutzutage werbewirksam Münchhausenstadt. Hochglanzprospekte bilden den weltberühmten Lügenbaron reitend auf dem „O" von Bodenwerder ab. Münchhausen muss herhalten für das *„Jodbad im norddeutschen Raum"*. Und in der Stadt kann niemand spazieren gehen, ohne auf Schritt und Tritt dem werbeträchtigen Namen zu begegnen.
Der Baron wäre hocherfreut gewesen, wenn die Bürger von Bodenwerder ihm zu Lebzeiten so viel Ehre erwiesen hätten. Aber dies war nun rein gar nicht der Fall. Und man kann es den Leuten nicht einmal verdenken. Denn sie waren Rauhbeine, die Münchhausens. Hilmar, der Urgroßvater unseres phantastischen Erzählers, war Söldnerführer unter Philipp II. von Spanien. Statius, der Großvater, war ein Landsknechtsoffizier, wie er im im Buche des 30-jährigen Krieges steht: Zwei, die sich über die Maßen an fremdem Gut zu bereichern wussten, so dass sie es sich leisten konnten, die prächtigen Schlösser in Bevern, Schwöbber

Altes Rathaus von Bodenwerder, dem Geburtshaus des Barons Hieronymus von Münchhausen

(Kreis Hameln), Leitzkau (Sachsen-Anhalt) und das Gutshaus in Bodenwerder zu bauen. Statius übernahm sich allerdings mit seiner Bauwut, so dass Bevern bereits bei seinem Tod 1633 an den Herzog überging. Hieronymus Vater Georg Otto (1682-1724), als Hannoveraner großbritannischer Obristleutnant zu Pferde, kam im Gutshaus von Bodenwerder zur Welt, heute Rathaus.

Als der Vater starb, war unser Held erst vier Jahre alt. Die Mutter hatte schon früh sieben Halbwaisen durchzubringen, was sie im Stile der Zeit tat: Sie ließ von ihren Bauern den Zehnten in guten wie in schlechten Zeiten gnadenlos eintreiben. Und die Gutsknechte pflügten, sicherlich nicht aus Liebe zur Herrschaft, eben mal ein Stück der Gemeindewiese mit um, die an die Äcker der Münchhausens grenzte. Damit es nicht so auffiel, verrückten sie die Grenzsteine. Es gab folglich hinreichend Ärger zwischen den Ackerbürgern Bodenwerders und der Freifrau. Das sollte auch unter Hieronymus, dem Lügenbaron, so bleiben. Allerdings bekam der Streit eine neue Qualität.

Doch zunächst ein Blick auf den Lebenslauf des berühmten Erzählers. Die Mutter bemühte sich, ihre Söhne als Offiziere in den welfischen Herrscherhäusern unterzubringen. Reichtum und Ansehen konnte ein Landedelmann in der Regel nur durch militärischen Ruhm erwerben. Seine Brüder traten in hannoversche Dienste, was nahelag, denn Bodenwerder gehörte als winzige Enklave mitten im braunschweigischen Fürstentum zu Hannover. Hieronymus aber wurde Page des Prinzen Anton Ulrich in Wolfenbüttel.

Wer war dieser Anton Ulrich? Nicht der Herzog, der das **Schloss Salzdahlum** baute, sondern ein Sohn Herzog Ferdinand Albrechts II., der nur 1735 regierte, aber durch seine Heiratspolitik Furore machte. Sein ältester Sohn **Carl I.** war zum Nachfolger bestimmt. Er heiratete **Philippine Charlotte**, die Schwester des Preußenkönigs Friedrich des Großen. Die beiden Töchter Elsabeth Christine und Luise Amalie heirateten Friedrich den Großen bzw. dessen Bruder August Wilhelm. Sein jüngster Sohn **Ferdinand** wurde ein berühmter Feldherr in preußischen Diensten.

Man erkennt: dahinter steckte Methode. War noch Ferdinand Albrecht II. Marschall des Prinzen Eugen in österreichischem Dienst gewesen, so vollzog sich während seiner Regierung die Abkehr vom Kaiserhaus und die Hinwendung zum immer mächtiger werdenden Nachbarn Preußen. Diese Politik sicherte dem kleinen Fürstentum langfristig das Überleben. So kalkulierte man in Braunschweig, und wie die Geschichte verlaufen ist, ging diese Rechnung auf. Aber gute Freunde kann man nicht genug haben, so suchte der Herzog auch die Nähe zu Russland. Sein Sohn Anton Ulrich sollte Vater eines russischen Zaren werden, so wurde es vereinbart. Zu diesem Zwecke übernahm er zunächst 1733 in St. Petersburg das Kürassierregiment „Braunschweig" und holte 1738 Hieronymus von Münchhausen zu dieser Einheit.

In Russland und in der Türkei

Das Regiment nahm teil am russisch-türkischen Krieg (1735-1739) und am russisch-schwedischen Krieg in Finnland. Davon und von seinen Jagdabenteuern in Livland und Kurland zehrte Baron Münchhausen für den Rest seines Lebens. Denn die Mission in Russland verlief unglücklich. Ein gewaltsamer Thronwechsel machte alle Hoffnungen Anton Ulrichs und seiner Frau Anna Leopoldowna zunich-

Der Klosterbezirk in Kemnade, Stich nach Buno-Merian von 1652

Herzog Ferdinand im Krieg

Herzog Ferdinand agierte zu Beginn des Krieges wie schon in den beiden vorherigen schlesischen Kriegen als General der Infanterie an der Seite Friedrichs II. von Preußen. In Nord- und Westdeutschland operierten die englisch-deutschen Truppen des Herzogs von Cumberland, ein ungeordneter Haufen aus Braunschweigern, Hannoveranern, Hessen, Bückeburgern, Gothaern, Engländern und Schotten, den der Feldherr aus Unfähigkeit nicht in den Griff bekam. Das Ergebnis war die völlige Niederlage von Hastenbeck, die Raabe zum Thema einer anderen Erzählung machte. Allerdings interessierte sich der Schriftsteller auch in dieser Erzählung nicht für Schlachtengetümmel, sondern für die Folgen. Nicht Offiziere stehen im Mittelpunkt, sondern einfache Leute, die als Ausgelieferte den Krieg ertragen und erleiden müssen.

Und wie im „Odfeld" warnt Raabe in seinem letzten Roman mit seinen Schilderungen vor dem kommenden Weltkrieg: *„Die wir so viele Kriege erlebt haben und die wir innerlich große Angst haben vor dem kommenden neuen, dem immer wieder nach unserer Meinung schrecklichsten!"*, den er „Weltkrieg" nennt, obwohl ja der Siebenjährige Krieg eigentlich der erste Weltkrieg war mit seinen Kämpfen in Europa, Asien und Amerika um die Vorherrschaft Englands oder Frankreichs in der Welt.

Nach der verlorenen Schlacht von Hastenbeck schickte Friedrich den Herzog Ferdinand nach Westen, mit dem Auftrag, diese verwahrloste Armee zu übernehmen, zu ordnen und die Franzosen zu vertreiben, die sich im Osten mit Friedrichs Gegnern, den Österreichern, Schweden und Russen, zu vereinigen drohten. Denn das wäre das Ende der preußischen Großmachtsträume gewesen. Ferdinand gelang es, die Armee zu einer schlagkräftigen Einheit zu formen und die Franzosen zurückzuschlagen. Da deren Kräfte jedoch überlegen waren, fielen sie Jahr für Jahr wieder in Nord- und Westdeutschland ein. Zwar plante Herzog Ferdinand im November 1761 eine Einkreisung der Franzosen, um eine Entscheidung vor dem Einrücken ins Winterquartier zu erzwingen, aber zu einer entscheidenden Schlacht am 5. November 1761 auf dem Odfeld kam es nicht.

Raabe starb 1910 in Braunschweig, verbittert über den Misserfolg der ihm wichtigen Bücher und den Erfolg seiner Schreibereien zum Broterwerb. Die braunschweigische Heimat feierte diese Schreibereien und setzte ihm an verschiedenen Orten Denkmäler. Das erste entstand noch kurz vor seinem Tod (mit seiner Zustimmung) auf dem Großen Sohl, der zweithöchsten Erhebung des Hils (472m).

Denkmäler im Kontext:

An Raabe erinnern das Geburtshaus in ***Eschershausen***, die Wohnhäuser seiner Jugend in ***Stadtoldendorf*** (Raabestr.5) und ***Holzminden*** (Markt 5 und „Haus im Goldenen Winkel") und seine letzte Wohnung in ***Braunschweig*** (Raabegedächtnisstätte, Leonardstr. 29a.

Raabedenkmäler stehen außerdem in Braunschweig (auf dem Platz vor der Magnikirche), in ***Eschershausen*** (vor dem Schulzentrum und vor der Nord/ LB)

*Holzmarkt mit Trinitatiskirche und dem Denkmal für die Gefallenen des ersten Weltkriegs in Wolfenbüttel. Die mittlere Front der Kirche greift die Fassade des Lustschlosses **Salzdahlum** auf. Das Denkmal wurde nach 1945 in den rückwärtigen Park versetzt (Postkarte ca. 1930).*

7 Ein Grabstein aus Wolfenbüttel

Vom Leben und Sterben im Absolutismus

Alte Friedhöfe

Im Mittelalter und in der frühen Neuzeit beerdigten die Christen ihre Toten traditionsgemäß in der Nähe ihrer Kirchen – auf dem Kirchhof, um die gnadenspendende Wirkung des heiligen Ortes zu nutzen. Sogar die Protestanten taten dies, auch wenn sie nicht wie die Katholiken an die Kraft des Altars oder der Heiligen und ihrer Reliquien glaubten.
Als die Flächen nicht mehr ausreichten und auch aus hygienischen Gründen verlegten die Bürger im 18. Jahrhundert ihre Friedhöfe außerhalb der Stadtmauern. Im 19. Jahrhundert, als die Stadtmauern vielerorts geschleift und zu Parkanlagen, bevorzugten Wohnplätzen und öffentlichen Gebäuden umgenutzt und umgestaltet wurden, und als die Städte sprunghaft über den alten Kern hinauswuchsen, umzingelten Wohnbauten die alten Friedhöfe der Kirchengemeinden. Allmählich wurden sie Parks.
Die Einwohnerzahl Braunschweigs zum Beispiel stieg zwischen 1830 und 1885 von 35.000 auf 85.000 Einwohner. Es wurde Zeit für effektiv zu nutzende Großfriedhöfe. Sie entstanden gegen Ende des vorigen Jahrhunderts, manchmal nach Religionsgemeinschaften getrennt und von ihnen verwaltet, aber doch benachbart. Manche von ihnen sind so groß, dass man sie mit Autos befahren kann oder öffentliche Nahverkehrsmittel sie durchqueren.
Auch der alte Friedhof jenseits der Stadtmauer bzw. der ***Trinitatiskirche*** in Wolfenbüttel, der protestantischen Predigerkirche des Spätbarock, erbaut 1716-1722 von dem Hofbaumeister Hermann Korb (1656-1735), ist wie die alten Friedhöfe in Braunschweig heute Teil einer großzügigen Parkanlage.
Die Formen der Grabdenkmäler sind recht vielfältig. Die häufigste Form ist die Steinplatte, wie wir sie bevorzugt benutzen. Verbreitet ist jedoch auch die Säule als Quadrat oder Zylinder, bisweilen deutet ein künstlicher Abbruch auf ihre Funktion als Totenmal hin. Seltener ist ein Grabstein in der Form einer barocken Vase, ganz selten die Pyramide.
Nur wenige alte Grabmäler sind geblieben, stehen als optische Akzente zwischen Bäumen, Blumenrabatten und Rasenflächen. Man muss sich schon die Mühe machen, auf sie zuzugehen, wenn man etwas von ihnen und über sie erfahren will. Man trifft auf die Namen von Menschen, die zu ihren Lebzeiten bekannt oder geliebt waren. Aber sie sind vergessen, nicht einmal die Chroniken der Stadt geben noch über sie Auskunft. Als Person und Persönlichkeiten sprechen sie also nicht zu uns, aber die Nachkommen beschrieben auf diesen Steinen den Gang ihres Lebens, und verfolgt man diesen, dann erfährt man viel über die Zeitumstände, über Schicksale, Lasten und Freuden.

Der Grabstein des Hofschneiders

Da ist zum Beispiel die Sandsteinstele des Hofschneiders Bokelmann. Sie ist 1,80 Meter hoch und einen Meter breit

Wolfenbüttel: Links Partie am Residenzschloss, rechts das Pyramiden-Grabmal für einen braunschweigischen General, den Freiherrn von Brandenstein, im heutigen Park am Herzogswall

und auf beiden Seiten dicht beschrieben. Im Kopfteil begegnen sich mehrere geschwungene Linien. Man nennt dieses Ornament Rocaille. Damit bezeichnet man das aus der Muschelform entwickelte Grundmotiv der Rokoko-Ornamentik. Wo immer wir es mit Erzeugnissen des Rokoko zu tun haben (Bauten, Innenarchitektur, Fenster- und Bilderrahmen, Porzellan, Glas und Grabsteinen), begegnet uns dieses verspielte Linienmuster. Die Grabinschrift wurde in Großbuchstaben in den Sandstein gemeißelt, die Zeilen sind mittelzentriert.

HIER.
RUHET IN GOTT.
HERR JOH. CHRIST. BOKELMANN.
WEYL. BÜRGER U. HOFSCHNEIDER IN WOLFENBÜTTEL.
HIESELBST GEB.D.27.MAY 1686.
ER HEYRATHETE D.19.FEBR.1715 JGFR.
MAR. MARG. BELLEMVND.
WELCHE IHM 2 SOHNE U. 4 TOCHTER. GEBAR.
SIE STARB IM KINDBETTE D.15.FEBR.1726.
ER ERZOG SEINE KINDER ALS EIN VATER.
VND. EIN CHRIST.
SEINEN AELTESTEN SOHN VERLOR ER IM 18 JAHR.
AN EINER AUSZEHRUNG.
3 VERHEIRATETE TÖCHTER ABER IM KINDBETTE.
ER ERDULDETE VIEL TRÜBSAL.
ABER GOTTES TRÖSTUNGEN ERQUICKTEN IHN.
ER HIELT FEST AN DER FRÖMMIGKEIT.
U. GETREU IM GLAUBEN.
BESCHLOSS ER SEINEN LAUF D. 30.AUG.1759.
IM 74 JAHRE SEINES ALTERS.
ER HINTERLIES.
EINEN SOHN JOHAN HEINRICH. ALHIER.

DESSEN EHEGATTIN.
CATHARINA MARGARETHA JVLIANA.
GEBORNE BRVNO.
DEM FROMMEN GREISE.
D.26.NOV. IM 29 JAHRE IHRES ALTERS.
IN DIE EWIGKEIT FOLGTE.
NEBEN DEM BEWEINEN IHN.
EINE TOCHTER CLARA MAGDALENA FRIED:
VEREHL. KALMBACHEN IN BRAVNSCHW:
VND 13 KINDESKINDER.
DIESEN NACHKOMMEN.
BLEIBT NEBEN IHM IN RÜHRENDEM ANDENKEN.
SEIN WAHLSPRUCH.
KOMT ZEIT. KOMT RATH.
VND SEIN ANGENEHMSTES LIET.
EINS IST NOTH. ACH HERR DIES EINE.

DER ERBLASSTE LEIB RVHE IN FRIEDEN
VND GOTT VERKLAERE IHN DEREINST. ZV.
EWIGER FREUDE.
ER SETZE UNS DEN REST DER ZEIT.
ZUM SEEGEN FÜR DIE EWIGKEIT.

Ansichten von Wolfenbüttel aus der Zeit als herzogliche Residenz (Postkarte von 1897).

Leben und Schicksal des Hofschneiders

Johann Christian Bokelmann erreichte ein für seine Zeit untypisches, fast biblisches Alter. Als er 1686 geboren wurde, begann Herzog **Anton Ulrich** mit der Planung seines Lustschlosses in **Salzdahlum**, und Wolfenbüttel stieg in dieser Zeit zu einer glanzvollen Barockresidenz auf. Als Hofschneider konnte man in dieser Zeit gutes Geld verdienen. Er erlebte die Herrschaft der Herzöge August Wilhelm (1714-1731), Ludwig Rudolf (1731-1735), Ferdinand Albrecht II. (1735) und **Carl I.** (1735-1780).

Als er geboren wurde, war die Zeit des Dreißigjährigen Krieges noch nicht vergessen – Wolfenbüttel hatte unter der kaiserlichen Besatzung von 1627 bis 1643 schwere Zeiten erlebt, die Stadt war erheblich zerstört worden, die Einwohnerzahl von 1250 auf 150 gesunken. 1702 war die Stadt erneut im Krieg und wurde von hannoverschen Truppen besetzt. Und noch einmal, gegen Ende seines Lebens, durchzogen feindliche Truppen das Land und besetzten 1757 Wolfenbüttel – im **Siebenjährigen Krieg**, dessen Ende er nicht mehr erlebte. 4500 französische Soldaten und 900 Pferde hatte die Stadt zu ertragen. Sie und 8000 Mann außerhalb der Stadt mussten von den Einwohnern versorgt werden.

Hart wird es ihn auch getroffen haben, dass der herzogliche Hof 1753 von Wolfenbüttel nach Braunschweig umzog, nachdem das Residenzschloss am Bohlweg ausgebaut worden war. Wie dies auf seine Einkünfte durchschlug, wissen wir nicht, aber es mag erheblich gewesen sein, denn wichtige staatliche Einrichtungen zogen ab und mit ihnen die dort tätigen Beamten. Wolfenbüttel, dessen Einwohner zu einem Drittel Hofbeamten und Bedienstete oder Soldaten waren, hatte von den Diensten für den Hof gelebt – der Umzug war ganz einfach eine Katastrophe.

Im Alter von 29 Jahren heiratete er. Für einen Handwerker war dies nicht ungewöhnlich, denn er durfte erst heiraten, wenn das Familienoberhaupt in der Lage war, eine Familie zu ernähren. Und dies war erst der Fall, wenn der Vater Platz machte und aufs Altenteil ging, das heißt den Betrieb an den ältesten Sohn abgab. Keineswegs konnte der sich selbständig machen, indem er einfach selbst im Ort einen Betrieb eröffnete, das erlaubte die Zunft nicht. Auch die Obrigkeit schränkte durch Gesetze das Heiraten ohne wirtschaftliche Sicherheit ein. Carl I. wollte zahlungskräftige Steuerzahler, keine Eheleute, die staatliche Almosen verlangten. Wer das Pech hatte, dass der Vater selbst zu lange wirtschaftete oder dem Sohn die Heirat verweigerte, starb womöglich als unverheirateter Altgeselle. Bis zum Ende der Zeit des Absolutismus blieb die Hälfte der Bevölkerung unverheiratet.

J. H. Bokelmann heiratete die Jungfrau Maria Margarethe Bellemund, deren Geburtsdatum dem Sohn, der den Grabstein setzte, unwichtig erschien (auch das Geburtsdatum seiner Frau nennt er nicht). Wir erfahren lediglich, dass sie ungefähr mit 35 Jahren im Kindbett starb, nachdem sie in elf Ehejahren sechs Kinder zur Welt gebracht hatte. Dass dieser Tod bei der Geburt von Kindern für eine junge Frau nicht die Ausnahme, sondern im 18. Jahrhundert fast die Regel war, belegt die Inschrift auf eindrucksvolle Weise: Auch die einzige Schwiegertochter starb mit 29 Jahren und drei von vier Töchtern. Nachdem die Kirchen und der Staat dafür gesorgt hatten, dass die sogenannten Weisen Frauen, Kräuterkundige und Hebammen zugleich, als Hexen

Ansichten der Altstadt von Wolfenbüttel. Das Fachwerk-Rathaus steht im Kontrast zu den Steinbauten des Herzogs und verweist darauf, dass es den Bürgern in der kleinen Residenzstadt – anders als in Braunschweig – an Mitteln und Selbstbewusstsein für einen repräsentativen Bau fehlte (Postkarte von 1896).

verbrannt oder sozial geächtet worden waren, weil sie auch Mittel zur Abtreibung wussten und verkauften, erhöhte sich die Zahl der Schwangerschaften und das Risiko, im Kindbett zu sterben. Denn die staatlich kontrollierten Hebammen, die nun bei der Geburt halfen, hatten das gleiche niedrige Niveau wie die Ärzte. Man muss wenig Phantasie aufbringen, um nachzufühlen, welche Belastung für die Frau jede Schwangerschaft in dieser Zeit war. Jede Frau, die ein Kind erwartete, musste mit ihrem Tod rechnen.

Versuchte sie es abzutreiben, erging es ihr nicht besser. 1762 z.B. stand in Schöningen die 21jährige ledige Marie Margarete Johanna Evet wegen Kindsmords vor Gericht. Ihr Dienstherr hatte sie verführt, sie hatte das Kind aus Angst, ihre Stelle zu verlieren, abgetrieben.

Herzog Carl I. schrieb, als der Richter zögerte, Hinrichtung vor, *„anderen zum Exempel"*. Sie ist, nachdem der Richter den Stab über ihrem Kopf gebrochen hatte, *„nach dem Richteplatz vor dem Rathause geführt und, nachdem sie im Kreise mit Singen und Beten etwa 3mal herumgegangen, sich auch an Mütze und Wammes entkleidet und auf den Richtestuhl gesetzt, durch des Schöningischen Scharfrichters ältesten Sohn wie wohl in 3 Hieben dekolliert (enthauptet) worden. Hernach ist der Körper in ein glattes Sarg gelegt und auf gnädigsten Befehl an die Anatomiam publicam nach Helmstedt abgefahren."*

Sein Beruf muss Bokelmann eine Zeitlang wohlhabend gemacht haben, denn er konnte alle vier Töchter verheiraten, die, den Bräuchen der Zeit entsprechend, mit einer stattlichen Aussteuer und Mitgift versehen werden mussten. Dass fünf von sechs Kindern das Erwachsenenalter erreichten und in der Lage waren zu heiraten, ist recht ungewöhnlich, denn auch die Kindersterblichkeit war hoch im 18. Jahrhundert. Nur einer seiner beiden Söhne starb an Schwindsucht, niemand an den weit verbreiteten Pocken oder einer anderen Seuche. Die Kinder wuchsen nicht mit einer Stiefmutter auf, dem üblichen Verfahren in jener Zeit, wenn die leibliche Mutter im Kindbett starb und unmündige Kinder hinterließ. Vater Bokelmann zog seine Sprösslinge selbst auf, er muss also ein recht ungewöhnlicher Vater gewesen sein. So erklärt sich wohl, dass ihm die Nachkommen diesen außerordentlich ausführlichen Grabstein setzten.

„Er erduldete viel Trübsal, aber Gottes Tröstungen erquickten ihn." Not und Leid waren die alltäglichen Begleiter der Menschen im 18. Jahrhundert. Wenn es nicht ein Krieg war mit brandschatzenden Soldatenhorden oder Seuchen bringenden Einquartierungen, dann war es materielle Not durch den Wechsel von Gunst zu Ungunst der herrschenden Verhältnisse. Die Menschen waren durch die Festigkeit des Glaubens ohne Zweifel an Gottes Gerechtigkeit und betrachteten Not und Elend, Schicksalsschläge und Verluste als Gottes unerforschlichen Willen, gegen den sie nicht zu revoltieren hatten. *„Kommt Zeit, kommt Rat"*, war die Parole Bokelmanns als Trost für die Kinder, wenn sie sich über das unermessliche Schicksal beklagten, das sie getroffen hatte. Und letztlich blieb noch die Hoffnung auf bessere Tage in der Ewigkeit.

Vom Holzmarkt erreicht man durch die Torbögen der Trinitatiskirche den Landeshuter Platz, wo sich die Grabdenkmäler des ehemaligen Bürgerfriedhofs befinden.

Medaillenporträt des Abtes Friedrich Wilhelm Jerusalem

8 Das Denkmal für Abt Jerusalem in Vechelde

Die Epoche der Empfindsamkeit

Der liebenswürdige Abt

Gewiss, da gibt es in Braunschweig eine Abt-Jerusalem-Straße. Aber wer war dieser Herr? Ein Zeitgenosse, Heinrich Sander, beschreibt ihn in seiner Reisebeschreibung von 1789 folgendermaßen:

„Der beliebteste, feinste Theolog, den ich je kennen lernte, und gar kein Freund von Komplimenten. Er sieht weg, wenn man ihn einen grossen Mann nennt, ist billig (gerecht) gegenüber jedes andern Verdienste. Er sagt mir mehr als einmahl, er lese meine Schriften gern. Er ist bereits 70 Jahr alt, und geht doch noch zu Fuß in die Stadt. Aber mit innigster Rührung erblicke ich Falten – Spuren des Kummers – im Gesichte des verehrungswürdigen Mannes. Er sieht mager und blaß aus. Er ist Wittwer und hat 3 Töchter, die auch nicht mehr jung sind, aber keinen Sohn, als (nur) einen Stiefsohn, der Legationsrath in Weimar ist. Er ist Abt von Riddagshausen, einem Kloster (erstes deutsches Predigerseminar, 1690), eine Viertelstunde von hier, wohin er alle Dienstage geht, und bei den jungen Stud. Theolog. Visitation (Besuchsdienst, seelsorgerische Beratung) hält.“

Fast alle Zeitgenossen rühmen Jerusalems Liebenswürdigkeit und Herzlichkeit, er war ein Mensch ohne Ecken und Kanten. Der 1709 in Osnabrück geborene Pfarrersohn studierte in Leipzig und Wittenberg evangelische Theologie und wurde 1742 Hofprediger und Prinzenerzieher bei Herzog **Carl I.** von Braunschweig.

Er verstand Theologie als spekulatives Denken; Religion war für ihn die Sittenlehre Christi. Mit Hilfe der Bibel könne jeder aufgeklärte Mensch durch den Gebrauch der eigenen Vernunft Trost und Rechtschaffenheit finden. Die Erziehung zur Tugend helfe dem Menschen, die eigene Unvollkommenheit zu überwinden.

So erzieht er den Erbprinzen **Carl Wilhelm Ferdinand**, so dessen Schwester Anna Amalia, so seinen Sohn Carl Wilhelm und seine drei Töchter. So möchte er die von ihm mitbegründete Lehranstalt zwischen Gymnasium und Universität, das Collegium Carolinum in Braunschweig, verstanden wissen (Ort der Geschmacks- und Verstandesbildung), nicht so sehr als Schule der „nützlichen Wissenschaften“, wie sie Herzog Carl und sein Minister Schrader von Schliestedt haben wollen. Jerusalem setzt sich durch, nur 20% der Professoren waren zwischen 1745 und 1800 Naturwissenschaftler.

Die Leiden des jungen Jerusalem

Seine Liebenswürdigkeit und sein souveräner Geist ließen ihn bei Hofe aufsteigen, er sammelte Ämter, bis er vor der Arbeitsüberlastung kapitulierte, und genoss seine Stellung am herzoglichen Hof in einer Zeit, als Bürgerlichen dieser Zutritt in der Regel verwehrt war. Sein Zeitgenosse Leisewitz bemerkte: *„Der Hang zum Vornehmen, zum Adel, zum Hofe ist bey Jerusalem ein Familien Fehler.“* Dieser Familienfehler wurde dem Sohn zum Verhängnis. Als Ge-

Porzellanporträt des Herzogs Carl Wilhelm Ferdinand im Museum der Manufaktur Fürstenberg

sandtschaftssekretär am Reichskammergericht in Wetzlar fühlte er sich von seinem adligen Vorgesetzten gesellschaftlich brüskiert, weil der ihm das weitere Zusammentreffen mit der Frau eines Wetzlarer Beamten verbot. Carl Wilhelm Jerusalem besorgte sich von Johann Christian Kestner, dem Verlobten von Charlotte Buff, Pistolen und erschoss sich, 25-jährig, am 30. Oktober 1772. Der Vater musste den Sohn bei Hofe verleugnen, sich distanzieren. Dieser bekam nach der Sitte der Zeit keinen Beistand eines Geistlichen und als Selbstmörder ein Grab vor den Toren Wetzlars.
Goethe war zur gleichen Zeit Praktikant am Reichskammergericht, kannte Jerusalem sogar aus gemeinsamer Studienzeit und verliebte sich wie dieser in eine schon vergebene Frau: in Charlotte Buff. Goethe brachte sich nicht um, er genas von seinem Leiden, indem er es sich von der Seele schrieb. Sein Briefroman „Die Leiden des jungen Werthers" wurde der erste deutsche Weltbestseller und löste bei der empfindsamen Jugend jener Jahre eine Mode und eine Selbstmordwelle aus.
Wilhelm Raabe kommentierte die Leiden Jerusalems am Tod seines Sohnes in seinem Roman „Hastenbeck": *„Ach, der Vater Werthers hat über dem Vorwort zu seines Sohnes Leiden wohl mit gesenktem Haupte gesessen und des Sammelfleißes und der zu ausführlichen Berichterstattung Doktor Goethes über Privatgeschichten nicht mit Behagen gedacht!"* Das Unbehagen Jerusalems hatte aber noch einen gewichtigeren Grund: Die Jugend las die französischen Philosophen der Aufklärung und begehrte gegen die gesellschaftliche Zurücksetzung durch den Adel auf. Im Kontext mit literarischen Strömungen gab dies bei einigen eine tödliche Mischung.

In dem längst vergessenen Roman „Der Parnass zu Braunschweig" von Hermann Klenke (1854) lässt der Autor den Abt Jerusalem zu Herzog Carl Wilhelm Ferdinand sagen: *„Das Uebel unserer Zeit haben die Poeten und nicht die Philosophen verschuldet – es ist eine Überschwenglichkeit in die Gemüther gekommen, welche dem natürlichen Leben gefährlich ist. Die Schicksalsgeschichte meines eigenen Sohnes ist eine Enthüllung der ganzen Entartung edler Empfindungen... Ossians und Klopstock's Oden gaben den ersten Anstoß zu einer krankhaften Empfindsamkeit, die mit dem wirklichen Leben in Kampf gerieth; Young's Nachtgedanken.. beschleunigten die Ausbildung und Verbreitung einer von Thränen überquellenden Weichheit, die, von der geringsten Berührung (mit) der Wirklichkeit verletzt, in die leblose Natur flüchtet und von hier in das poetische Jenseits der träumerischen Ideale. Daher die Todessehnsucht und Verzweiflung am Leben."*

Die Entwicklung der Zöglinge

Jerusalems Erziehung konnte für diese Empfindsamkeit empfänglich machen und Fehlentwicklungen einleiten: Der Sohn erschoss sich, weil er mit der Wirklichkeit nicht mehr klar kam. Die Töchter fanden keine Ehemänner. Bei Anna Amalia aber, die nach Sachsen-Weimar heiratete, trug die Erziehung die gewünschten Früchte. Noch einmal Klenke: *„Als die junge Herzogin mit weinenden Augen von ihrem Lehrer und Freunde Abschied nahm und ihn mit Thränen kämpfen sah, schloß sie ihn in die Arme und sprach. „Mein Theurer Freund; ich danke Ihnen für die Pflege meines Geistes und Herzens und die schöne Welt des Wissens und Schönen, die sie mir aufgeschlossen haben. Ich trete nicht*

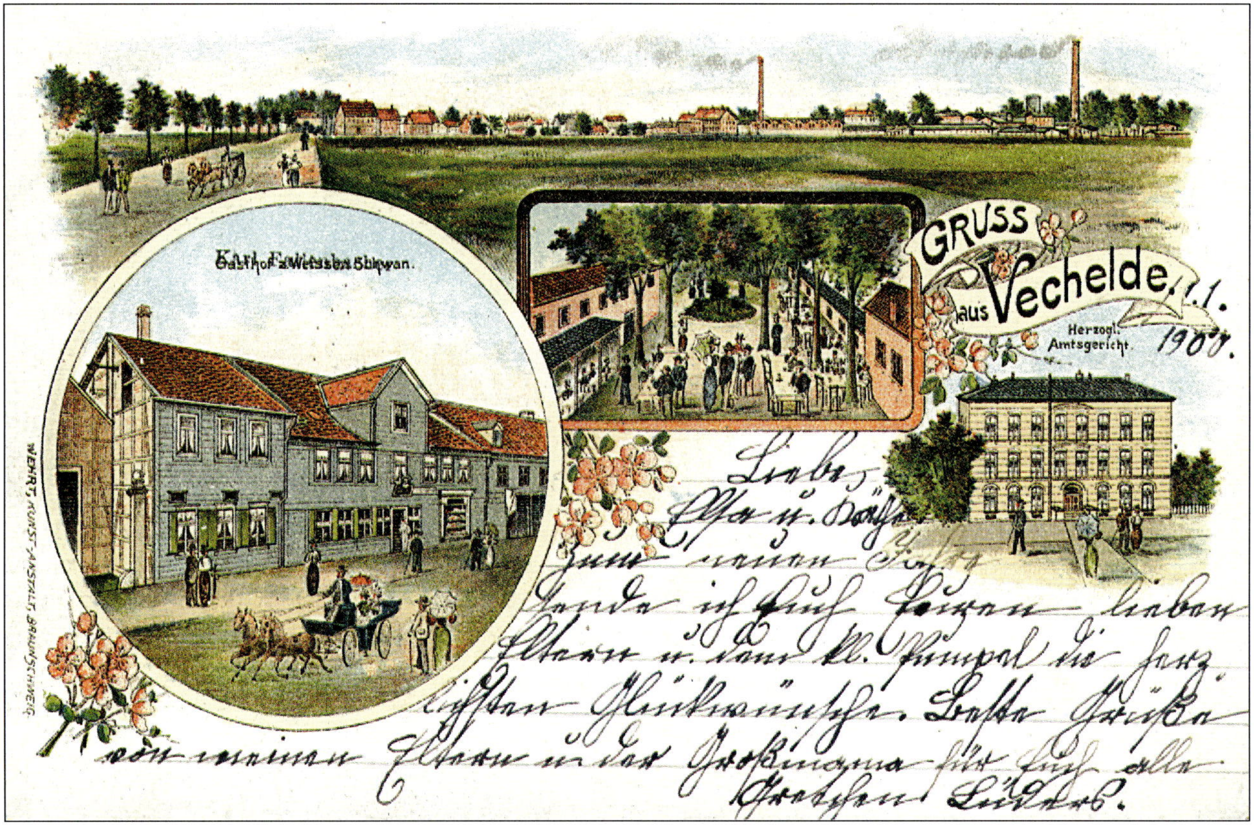

Postkarte von Vechelde von 1900 mit dem ehemaligen Amtsgericht (rechts), das für das abgerissene Schloss des Herzogs Ferdinand errichtet wurde. In der Mitte der Durchgang zum Schlosspark des Herzogs, im Hintergrund eine Gesamtansicht des Ortes, der Ende des 19. Jahrhunderts beherrscht wurde von der Zuckerfabrik (rechts) und der Jutespinnerei (Mitte).

aus ihr heraus, werde ihr zeitlebens treu bleiben und stets mit Ihnen vereinigt bleiben. In ihr hat mein Gemahl mich gefunden und gewählt, in ihr will ich mit ihm gemeinschaftlich weiterbauen, säen und ernten, wie Sie mir gelehrt haben.“ So mag sie gedacht haben.

Weniger nachhaltig wirkte seine Erziehung auf den Prinzen Carl Wilhelm Ferdinand, der zwar Reformer seines Fürstentums war, Takt und Lebensklugheit gelernt hatte, aber, was Jerusalem missfiel, sich mit Mätressen umgab, der, um den hoch verschuldeten Staat zu retten, seine Soldaten an England und Holland vermietete und der schließlich, ganz Fürst des alten absolutistischen Regimes, an der Spitze der Koalitionstruppen gegen das revolutionäre Frankreich zu Felde zog. Carl Wilhelm Ferdinand vernichtete nach dem Tode seines Vaters die gesamte Korrespondenz zwischen seinem Vater und Jerusalem, die ihn betraf.

Das Denkmal in Vechelde

Seine Mutter, die Herzogin-Witwe **Philippine Charlotte,** stiftete schon 1789, im Jahr, als Abt Jerusalem starb, aus Verehrung einen Gedenkstein, der in der Klosterkirche ***Riddagshausen*** aufgestellt wurde.Besondere Aufmerksamkeit aber verdient der Gedenkobelisk, den der Onkel Carl Wilhelm Ferdinands, der **Herzog Ferdinand**, in seinem Park von Vechelde aufrichtete:

DIESES MONVMENT IST DEM ANDENKEN DES VNVERGESSLICHEN GROSSEN SITTENLEHRERS VND CHRISTLICHEN PHILOSOPHEN, HERRN IOHANN. FRIEDRICH. WILHELM. IERUSALEM. GEBOHREN ZV OSNABRÜCK DEN XXIITEN NOV MDCCIX. GESTORBEN DEN IITEN SEPT MDCCLXXXIX. ABT DES CLOSTERS RIDDAGSHAVSEN, PROBST DES CLOSTERS ST CRVCIS, VICE PRAESIDENT DES FÜRST& CONSISTORII VND CVRATOR DES FÜRST& COLLEGII CAROLINI IN BRAVNSCHWEIG, GEWIDMET.

AVSGEBREITETE GELEHRSAMKEIT, WELT VND HERZENSKVNDE, BEGLEITET MIT VIELER BESCHEIDENHEIT VND SANFTMUTH WAREN EIN THEIL SEINER VORTREFFLICHEN EIGENSCHAFTEN VND GEISTESGABEN, WODVRCH ER IN EINEN SO HOHEN GRAD DIE ACHTVNG ALLER RECHT SCHAFFENEN SEINES ZEITALTERS WEIT VND BREIT SICH ERWARB. SEINE SCHRIFTEN HABEN HINLÄNGLICHE ZEUGNISSE DAVON GEGEBEN. ER WAR DER ALLERANGENEHMSTE GESELLSCHAFTER, SEIN DVLDVNGSGEIST WAR GROSS: SEIN ANDENKEN WIRD IN DEN FERNSTESTEN ZEITEN DER WELT EINEN JEDWEDEN DER RECHT DENKEN UND RECHT HANDELN WILL, THEVER VND WERTH BLEIBEN: MIR ALS DEM WIDMER DIESES MONVMENTS WIRD ER STETS IN VUNVERÄNDERTEN ANDENKEN BLEIBEN, WEIL ICH AVSSER DER BEWVNDERVNG SEINER GROSSEN VERDIENSTE VM SEINE ZEITGENOSSEN BESONDEREN ANTHEIL AN SEINER WOHLGEWOGENHEIT HATTE: ALLES DIESES BEZEVGT SEIN GROSSER VEREHRER

FERDINAND, H.z.B.v.L.

Wandern

An den ***Schlosspark*** im Ort schließt sich der Auenwald Denstorfer Busch an. Zwischen Vechelde und Denstorf kann man entlang des Stichkanals zur ***Wedtlenstedter Schleuse*** und weiter zum Bootshafen gehen (Cafè).

Im Schlosspark erinnern an die Zeit Ferdinands noch die Sonnenuhr, heute eingerahmt von einem Rosenrondell, und eine Sandstein-Skulptur. Über sie schreibt Wilhelm Bornstedt: *„Eine bärtige kräftige Gestalt mit Flügeln hebt eine Frau hoch, zu den Füßen eine zusammengesunkene weitere Frauengestalt. Diese Gruppe stellt folgendes dar: Hades (Pluto) holt seine Gemahlin Persephone (Proserpina), die ein Drittel des Jahres bei ihm in der Unterwelt weilen muß, zu Beginn des Winters in sein Reich zurück. Die zürnende und klagende Mutter Demeter (Ceres) bleibt trauernd zurück, und die Öde des Winters ist das Werk ihres Zornes. In den anderen Jahresteilen aber kehrt Persephone zu ihrer Mutter auf die Erde zurück, und nun grünt und blüht die Natur. Dieses Sinnbild paßt recht gut zu dem „Gutsherrn von Vechelde". Seine Gartenanlagen waren seiner Zeit so berühmt, daß die Gartenbaumeister Europas sagten: „Im Braunschweigischen fragt man nach Vechelde!"*

Essen und trinken

„Benters Schlemmerdeel", 150 links vom Bürgerhaus an der Hildesheimer Straße, hat eine reichhaltige Auswahl an Salaten, Schnitzel-, Steak- und Fischgerichten. Becks Bier.

Monument des Herzogs Ferdinand in Jägerpreis bei Kopenhagen, errichtet 1778 von Erbprinz Friedrich von Dänemark für seinen Onkel

Herzog Ferdinand

In Herzog Ferdinand (1721-1792) hatte Jerusalem einen wesensverwandten Geist und guten Freund gefunden. Der Bruder **Carls I.** trat 1740 als Oberst in die Armee Friedrichs des Großen ein und begleitete ihn in die ersten beiden schlesischen Kriege. Im **Siebenjährigen Krieg** leitete er das verbündete Heer der norddeutschen Länder und Englands erfolgreich, wenn er auch immer wieder vor der Übermacht der Franzosen zurückweichen musste. Als Günstling Friedrichs war er nach dem Krieg Gouverneur von Magdeburg.

1766 geriet er mit dem König in Konflikt. Dieser hatte, um die zerrütteten Staatsfinanzen zu ordnen, eine indirekte Steuer auf Waren, die Preußen nicht selbst produzierte, verordnet und sie an französische Steuereinnehmer verpachtet. Über deren Eintreibungsmethoden empörte sich das Volk, Ferdinand war der gleichen Meinung. Diese Kritik ertrug der König nicht, und als er bei einer Truppenbesichtigung 1766 den Herzog bloßzustellen versuchte, reichte dieser seinen Abschied ein, kaufte sich das Gut Vechelde und lebte dort als Gutsherr.

Im Verkehr mit den Landleuten fühlte er sich besser als bei Hofe. *„Wie ein gewöhnlicher Landedelmann baute er seinen Acker und freute sich über das Gedeihen seines Viehbestandes, wobei er zugleich bemüht war, den Bauern die Fortschritte auf dem Gebiete der Landwirtschaft vorzumachen, damit auch sie höhere Erträge von ihren Äckern erzielen könnten“*, schreibt sein Biograph Tiemann.

Dieser erzählt auch eine hübsche Anekdote über seinen Menschenverstand und seine Großzügigkeit: *„Als Herzog Ferdinand einst auf einer Reise nach Kopenhagen, wo er seine Schwester, die Königin von Dänemark, besuchen wollte, an einem Sonntage in Hamburg weilte, ging er nach seiner Gewohnheit in eine der dortigen Kirchen, weil er auf der Reise den Gottesdienst nicht versäumen wollte. Neben ihm saß ein reicher Hamburger Kaufherr, der aber den Herzog nicht kannte. Als der Klingelbeutel zu hören war, legte der Nachbar des Herzogs einen blanken Gulden vor sich hin, um ihn als Opfer für die Armen zu geben, und der Herzog folgte seinem Beispiel und legte ebenfalls einen Gulden neben sein Gesangbuch.*

Der Hamburger mochte dieses für eine Herausforderung halten, denn er legte nunmehr einen zweiten Gulden neben den ersten; und der Herzog tat wieder dasselbe. Dieser Wettstreit ging weiter, bis ein jeder zwölf Gulden vor sich liegen hatte, zum großen Ergötzen der in der Nähe Sitzenden, die auf den Ausgang gespannt waren. Mittlerweile kam der Klingelbeutel, und zwar zuerst zu dem Protzen, der mit großartiger Miene das ganze Häuflein blanker Goldstücke in den Beutel senkte. Der Herzog aber gab nur den einen Gulden, den er ursprünglich zum Opfer bestimmt hatte; die andern elf aber steckte er, leise lächelnd, zum großen Verdruß seines Nachbarn wieder in die Tasche. Die Lacher aber hatte er natürlich auf seiner Seite.“

Noch einmal hätte er Feldherr sein können, als Kommandeur der angelsächsischen Truppen, die in den nordamerikanischen Kolonien gegen die Unabhängigkeitsbewegung kämpfen sollten. Dies lehnte er ab, weil er deren Freiheitswunsch berechtigt fand.

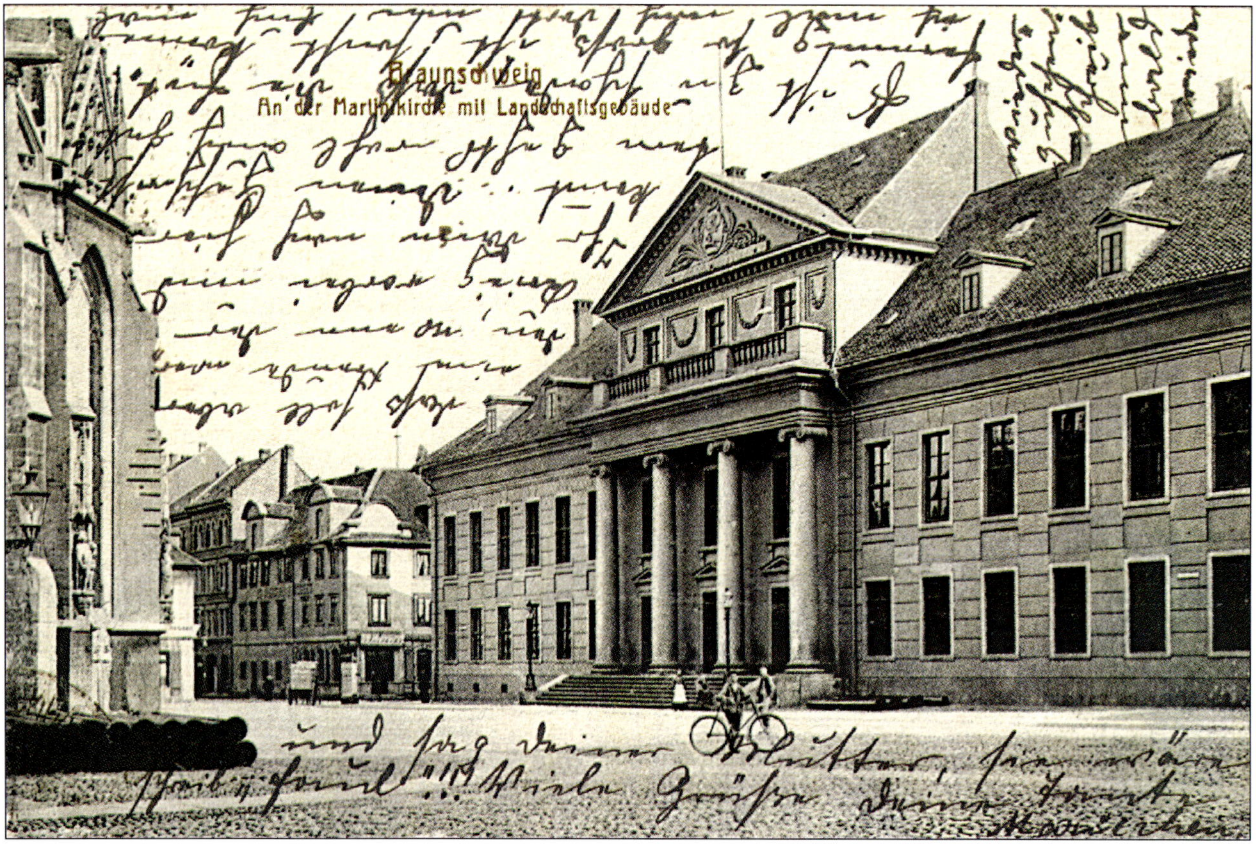

Die „Braunschweigische Landschaft", der Landtag des Herzogtums, Schauplatz der gescheiterten Bemühungen um eine Wahlreform (Postkarte von 1918)

Das Herzogtum Braunschweig 1813 - 1918

Nach der Niederlage **CarlWilhelm Ferdinands** in der Schlacht bei Auerstedt 1806 wurde das Fürstentum Braunschweig-Wolfenbüttel von französischen Truppen besetzt und 1807 dem Königreich Westphalen des Napoleon-Bruders **Jerome** zugeschlagen, der es bis zur Niederlage des großen Korsen bei Leipzig im Oktober 1813 regierte. Alle Menschen wurden nach französischem Vorbild vor dem Gesetz gleich: Die Stände wurden abgeschafft, Feudallasten und Zünfte aufgehoben, Gewerbefreiheit eingeführt. Populär machten diese fortschrittlichen Gesetze die Franzosen dennoch nicht, denn Napoleons Kriege belasteten die Bürger durch hohe Steuern und Einquartierungen.

In der nachnapoleonischen Zeit nahm Herzog **Friedrich Wilhelm** (1813-1815) die Gleichheitsgrundsätze in Teilen zurück. Als sein Sohn Carl II. (1823-1830) weitere Einschränkungen plante, entlud sich der Zorn aller Stände: Die Braunschweiger zündeten dem Herzog die Residenz an und vertrieben ihn.

Mit der Vollmacht seines Bruders gelangte Herzog **Wilhelm** (1830-1884) mit Zustimmung des deutschen Bundestages auf den Thron, jedoch ohne Erbfolgerechte. Mit ihm begannen Jahre der Reformen und der Erneuerung. Die Bauern konnte sich von den feudalen Lasten freikaufen, und eine Landumverteilung sorgte für ökonomisch sinnvolle Zuschnitte der landwirtschaftlichen Flächen. Eine konstitutionelle Landesverfassung beteiligte die besitzenden und Bildungs-Bürger an der Gesetzgebung, jedoch nur sie. Der Herzog regierte durch seine Minister. Die Gesundung der Landwirtschaft war die Grundlage für die industrielle Entwicklung des Herzogtums: Es entstanden zahlreiche hoch spezialisierte, meist mittelständische Unternehmen, die einen großen Bedarf an qualifizierten Mitarbeitern hatten. Durch sie entwickelte sich eine starke Arbeiterbewegung.

Die politische Bewegung für eine deutsche Einheit begeisterte auch die Braunschweiger. An der sicheren Seite Preußens nahmen sie an den Einigungskriegen teil und sicherten damit ihr staatliches Überleben. Ihre Nachbarn, die welfischen Hannoveraner wurden 1867 preußisch, weil ihr König an der Seite Österreichs gegen Preußen gekämpft hatte. Allerdings war auch die Zukunft Braunschweigs ungesichert, denn beide Söhne Friedrich Wilhelms starben kinderlos, und die hannoverschen Welfen als Thronerben konnten in Braunschweig nur regieren, wenn sie auf Hannover verzichteten. Das taten sie aber nicht. Wilhelm ließ den Bundestag einem Gesetz zustimmen, dass ein Regentschaftsrat einen volljährigen deutschen Prinzen zum Regenten wählen konnte, solange die welfische Thronfolge behindert wäre.

Nach dem Tode Herzog Wilhelms 1884 übernahm Albrecht von Preußen (1885-1906) und nach ihm Johann Albrecht von Mecklenburg (1907-1913) die Regentschaft. 1913 kam es durch die Heirat des hannoverschen Prinzen **Ernst August** mit der Kaisertochter Viktoria Luise zum Ausgleich zwischen Hannover und Preußen: Ernst August konnte in Braunschweig regieren. Zeit und Gelegenheit, die inzwischen überholte ständische Verfassung von 1832 zu ändern, gegen die die Sozialdemokraten vehement opponierten, fand er nicht mehr: Mit Ausbruch des ersten Weltkrieges 1914 bekam er militärische Aufgaben. Der Versuch einer Wahlkommission, im Herbst 1918 mit einem neuen Wahlgesetz die Arbeiterschaft am Parlament zu beteiligen und dem Herzog die Herrschaft zu retten, scheiterte. Als Repräsentant einer überholten Ordnung musste er als letzter regierender Welfe abdanken.

Denkmal für Herzog Friedrich Wilhelm in Hessen am Fallstein

9 Der Gedenkstein für den Schwarzen Herzog in Hessen

Der verwegene Zug eines Abenteurers

Im Schatten der Zonengrenze

Am Großen Fallstein liegt die frühere braunschweigische Gemeinde Hessen. Dort hatte einst der Landesherr ein Lustschloss, und Herzog **Heinrich Julius**, einer der Vorfahren des **Schwarzen Herzogs**, von dem hier die Rede sein soll, wurde dort 1564 geboren. Bis zum 1. August 1941 gehörte der Ort zum Land. An diesem Tag wurde eine 600-jährige Zugehörigkeit mit einem Federstrich beendet - Hitler hatte den Austausch des preußischen Kreises Goslar und des braunschweigischen Kreises Holzminden verfügt. Das Salzgittergebiet des neuen Stahlkonzerns Hermann-Göring-Werke gehörte nämlich sowohl zu Preußen als auch zu Braunschweig. Dies gefiel der Firma organisatorisch nicht, denn die Kriegsproduktion litt darunter.
Der neue Zuschnitt des Landes Braunschweig war außerdem mit einer Gebietsbereinigung verbunden, bei der kleine Exklaven (außerhalb des Kerngebietes liegende Teile) wie Ölsburg und Bodenburg zu Preußen kamen und die beiden aus dem Landkreis Wolfenbüttel herausragenden Zipfel südlich des Großen Grabens, in dem Hessen am Fallstein lag, abgeschnitten wurden. Dafür kam die Gemeinde Hornburg aus dem Kreis Halberstadt zum Land Braunschweig.
Welche Folgen dies haben sollte, hat man damals wohl weder in Hessen noch in Hornburg geahnt. Für Hessen bedeutete es nicht nur das Ende der Zugehörigkeit zum Land Braunschweig, sondern auch, dass Hessen nicht zur britischen, sondern zur sowjetischen Besatzungszone gehörte. Außerdem lag der Ort zur DDR-Zeit im Fünf-Kilometer-Grenzstreifen, musste 1952 Zwangsumsiedlungen ertragen („Sympathisanten des Westens") und in der Folgezeit die totale Abseitslage. So hatte ein Federstreich der Mächtigen das Schicksal einer kleinen Gemeinde bestimmt.

Schon einmal, 1809 waren die Hessener nicht mehr Untertanen des braunschweigischen Herzogs, sondern Bürger des westphälischen Königreichs des Napoleon-Bruders **Jerome**. Er hatte ihnen Freiheiten gebracht, aber auch neue Steuern. Seit 1796 war Napoleon unterwegs, um die Landkarte Europas nach seinem Geschmack neu zu ordnen. Jeder Angriff seiner Gegner, die die alten absolutistischen Verhältnisse zum eigenen Nutzen bewahren wollten, endete mit deren Niederlage und der Veranderung der Landkarte.
Die für Braunschweig entscheidende Schlacht war die von Jena und Auerstedt 1806 in Thüringen. Napoleon hatte es da wieder einmal mit seinem alten Feind, dem braunschweigischen Herzog **Carl Wilhelm Ferdinand**, zu tun, der 1792 an der Spitze der verbündeten europäischen Monarchien in Frankreich eingefallen war und durch seine Unentschlossenheit den Sieg der Revolutionstruppen bei Valmy ermög-

Die Schlacht von Halberstadt zwischen den französischen Truppen und der Schwarzen Schar des Herzogs Friedrich Wilhelm (Postkarte von 1913)

licht hatte. Jetzt, 1806, verlor er die Schlacht um die Existenz Preußens und Braunschweigs. Sein Sohn Friedrich Wilhelm erlebte das Debakel mit: Carl Wilhelm Ferdinand bekam einen Schuss ins Auge, flüchtete nach Ottensen nördlich von Hamburg, das damals zum neutralen Dänemark gehörte, und starb dort. Napoleon nahm Rache und diktierte: *„Das Haus Braunschweig hat aufgehört zu regieren."*

So konnte Friedrich Wilhelm, der vom Vater zum Nachfolger bestimmt worden war, das Erbe nicht antreten und zog sich zunächst auf das 1805 vom Onkel Friedrich August geerbte Fürstentum Oels in Schlesien zurück. In Braunschweig regierte nun der Bruder Napoleons, Jerome. Das Land und mithin Hessen am Fallstein gehörte zum neuen Königreich Westphalen und wurde von Kassel aus regiert. 1808 besuchte er Braunschweig und wurde jubelnd von der Bevölkerung begrüßt. Die seit 140 Jahren von den Welfen regierte Stadt empfand die Herrschaft Jeromes zunächst als Wiedergewinn der bürgerlichen Freiheit, denn die neue freiheitliche Verfassung beseitigte die absolutistische Fürstenherrschaft. Bald aber bekam das Land die Folgen der napoleonischen Kriege zu spüren: Einquartierung, hohe Steuern und Unterdrückung aller Opposition.

Friedrich Wilhelm hatte inzwischen durch einen Geheimvertrag (gegen die Verpfändung seines Fürstentums Oels) von den Preußen Geld bekommen, um ein Freikorps aufzustellen. Mit dieser „Schwarzen Schar" (wegen der schwarzen Uniformen und dem schwarzen Tschako mit dem Totenkopfzeichen) aus Sachsen und Österreichern wollte er Braunschweig befreien – im Schutze der österreichischen Truppen, die noch gegen Napoleon kämpften. Nach der Niederlage der Österreicher und dem Frieden von Znaim 1809 steht es schlecht um ihn: Als Freischärler, heute würden wir Guerilla sagen, hat er mit Füsilierung zu rechnen. So beschließt er, sich durch das französisch beherrschte Norddeutschland durchzuschlagen, um die See und das unbesiegte England zu erreichen.

Der Marsch des Schwarzen Herzogs

Mit rund 2000 Mann bricht er am 20. Juli 1809 von Zwikkau auf, in ein Gebiet, das von sechs starken französischen Garnisonen bewacht wird. In Eilmärschen von 42 Kilometern Tagesleistung stürmen sie voran, um den unter französischem Befehl stehenden Sachsen und den von Erfurt herbeieilenden Holländern zu entkommen. In Leipzig bekommen sie Proviant vom Magistrat, werden in Halle von begeisterten Studenten mit einem Fackelzug gefeiert und müssen sich am 29. Juli einem westphälischen Regiment, das in Halberstadt liegt, stellen. Sie siegen verlustreich und marschieren auf Braunschweig zu.

Am folgenden Tag überschreiten sie bei Hessen die alte Landesgrenze. Friedrich Wilhelm versammelt seine Soldaten um sich und hält eine Rede, deren vermutlicher Wortlaut dem Gedenkstein zu entnehmen ist, der im Gedenken an diesen Augenblick in Hessen errichtet wurde: *„Kameraden! Bis hierher half uns Gott der Herr! Dem Vater in der Höh' sei Ehr'! Ja, Kameraden! Gott und Eurer Bravheit verdanke ich die himmlische Freude, die vaterländische Erde wieder betreten zu können. Der Himmel ist doch nirgends so schön blau, als da, wo wir ihn zum ersten Male erblickten. Ihr tapferen Soldaten! Ihr braven, treuen Menschen! Ihr verlaßt die väterliche Heimat, um einem durch*

Herzog Friedrich Wilhelm und das Denkmal von 1843 in Ölper

Gewalt mißhandelten Fürsten sein ihm geraubtes, väterliches Erbteil wieder erobern zu helfen. Diese Liebe und Anhänglichkeit wird Euch einst belohnt werden. Jetzt nehmt meinen innigsten Dank, den je ein Mensch empfangen. Auf dieses Schwert hat jeder von Euch Anspruch, sowie auf dieses Haupt. (Bei diesen Worten nahm der Herzog seine Mütze ab.) Mein Herz ist Euer, und von diesem Augenblikke an betrachte ich Euch alle als meine Kinder.“

Man kann nur schwer glauben, dass Friedrich Wilhelm sich eingebildet haben soll, der französisch-deutschen Übermacht standhalten zu können. Aber vielleicht hat er es tatsächlich geglaubt, ein Heißsporn war er jedenfalls. Vielleicht hat ihn der Jubel der Studenten in Halle blind gemacht vor der Realität. Beim Einzug in Braunschweig jubelten ihm Tausende Hauptstädter zu. Ob es die gleichen waren, die ein Jahr zuvor Jerome zugejubelt hatten? Man gibt ihm das Geleit bis zum Stadtschloss. Aber in dem mag er nicht übernachten, er will bei seinen „Kindern“ bleiben. Verständlich, denn auf sie kann er sich verlassen, auf die Braunschweiger nicht. So nächtigt er am ***Petritorwall*** unter freiem Himmel, inmitten seiner Schwarzen.

In der Nähe, bei ***Ölper***, muss er sich am 1. August der Schlacht gegen einen Verband aus 5000 deutschen Hilfstruppen unter dem französischen General Rewbell stellen. Tatsächlich können seine Freischärler sich einen Tag gegen die Übermacht behaupten. Und zum Erstaunen des Herzogs zieht sich der französische General nach dem Kampf zurück, denn der hat zwischen den Linien Bauern mit Sensen und Dreschflegeln auftauchen sehen und vermutet den Beginn eines allgemeinen Volksaufstandes. Davon aber sind die Braunschweiger weit entfernt. Der Herzog muss nun schleunigst verschwinden, denn von Süden naht eine holländische Armee unter dem General Gratien. In Eilmärschen geht es über Burgdorf, Hoya und Delmenhorst nach Brake an der Weser, wo seine Freischärler mit allem, was einen Kiel hat, nach Helgoland entkommen können. Von dort bringt sie die englische Flotte nach London. Sein Ruhm als Schwarzer Herzog aber geht durch Deutschland und ermuntert die noch kleine Schar der Patrioten, ihren Kampf gegen Napoleon fortzusetzen.

Bis nach der Niederlage des Kaisers in Leipzig 1813 bleibt Friedrich Wilhelm in England, danach nimmt er sein Stammland wieder in Besitz. Aber Napoleon kehrt noch einmal zurück und muss erneut bekämpft werden. Der Braunschweiger Herzog schickt eigene Truppen in den Kampf, denn Preußen schaut begehrlich auf das kleine Land - nur wenn er mitkämpft und mitsiegt, wird ihn der große Nachbar verschonen. Er unterstellt seinen Verband dem englischen General Wellington, fällt aber in einem Kampf bei Quarte-Bras, zwei Tage vor der Entscheidungsschlacht von Waterloo.

Seine Schwarze Schar wurde wie er zur Legende, und das braunschweigische Land ehrte ihn und seinen verwegenen Feldzug, so wie das Volk immer die Helden des Krieges verehrte, denen es erspart blieb, ihre Größe im Frieden zu beweisen.

Der Zug des Schwarzen Herzogs hinterließ eine Spur von Denkmälern. Im Juli 1909 enthüllte der Kriegerverein in ***Hessen*** einen mächtigen Finding an dem Ort, wo Friedrich Wilhelm 1809 die Rede an seine Schwarze Schar gehalten hatte. ***Schöppenstedt*** errichtete 1910 ein Denkmal.

Das Residenzschloss in Braunschweig (Neubau nach dem Brand von 1830) mit den Reiterstandbildern der Herzöge Friedrich Wilhelm und Carl Wilhelm Ferdinand (Postkarte von 1897)

Auch in Wolfenbüttel beschloss der Kriegerverein, *„an der Stätte, an welcher am 31. Juli 1809 der Herzog Friedrich Wilhelm mit seinen Truppen auf dem Marsche von dem eroberten Halberstadt nach Braunschweig vor den Wällen Wolfenbüttels gerastet hatte, ein Denkmal zu errichten."* Aber die 6000 Mark an benötigten Spenden kamen nicht zusammen. Am Ortsrand von ***Ölper***, heute nördlich der Autobahnbrücke, entstand schon 1843 ein Denkmal. Es erinnert an die Schlacht und nennt die Offiziere des Herzogs.

Zu DDR-Zeiten verlor der Findling in Hessen seine bronzenen Gedenktafeln, so wie überall in der Republik die Spuren martialischer Erinnerung beseitigt wurden. Aber nach der Wende erkannte die Gemeinde den publikumswirksamen Wert der alten Tafeln und ließ sie erneuern.

Denkmäler im Kontext

Friedrich-Wilhelm-Eiche: 1850 pflanzte der Braunschweiger Kriegerbund an der Stelle am Petritore in Braunschweig, an der der Herzog am Vorabend der Schlacht bei Ölper biwakiert hatte, eine Eiche, die seit 1859 durch ein schmiedeeisernes Gitter eingefasst ist.

Obelisk: Seit 1823 erinnert der Obelisk auf dem Löwenwall an die im Kampf gegen Napoleon gefallenen Herzöge Carl Wilhelm Ferdinand und Friedrich Wilhelm.

Reiterstandbilder: Seit 1874 rahmten die beiden kupfernen Reiterstandbilder der Herzöge Carl Wilhelm Ferdinand und Friedrich Wilhelm auf vier Meter hohen steinernen Sockeln das Hauptportal des Residenzschlosses ein. Seit 1973 stehen sie an der Kurt-Schuhmacher-Straße vor der Stützmauer zum Löwenwall.

Olfermannsäule: Für den General Johann Elias Olfermann, der unter Friedrich Wilhelm diente und nach dessen Tod das braunschweigische Truppenkorps leitete, errichteten ehemalige Mitkämpfer 1832 eine Erinnerungssäule auf dem Nussberg.

Schilldenkmal: 1837 wurde am Leonardplatz (Schillstraße) ein Denkmal für die Freischärler des Majors von Schill errichtet. 14 von ihnen waren zwischen dem 18. und 22. Juli 1809 auf dem Todesmarsch von Stralsund nach Frankreich hier erschossen worden, um die Braunschweiger davon abzuhalten, sich der auf die Stadt zumarschierenden Schwarzen Schar des Herzogs anzuschließen. Den Kopf des Majors hatte Jerome der Universität von Leyden geschenkt. Von dort kam er 1837 nach Braunschweig und wurde zusammen mit den Gebeinen seiner Kameraden unter dem Denkmal beigesetzt.

Die vier Seiten des Pfeilermonuments mit dem Eisernen Kreuz zeigen zwischen Girlanden und ausgelöschten Fakkeln den preußischen Adler, den welfischen Löwen, die Initialen Ferdinand von Schills und 14 Sterne für die erschossenen Soldaten.

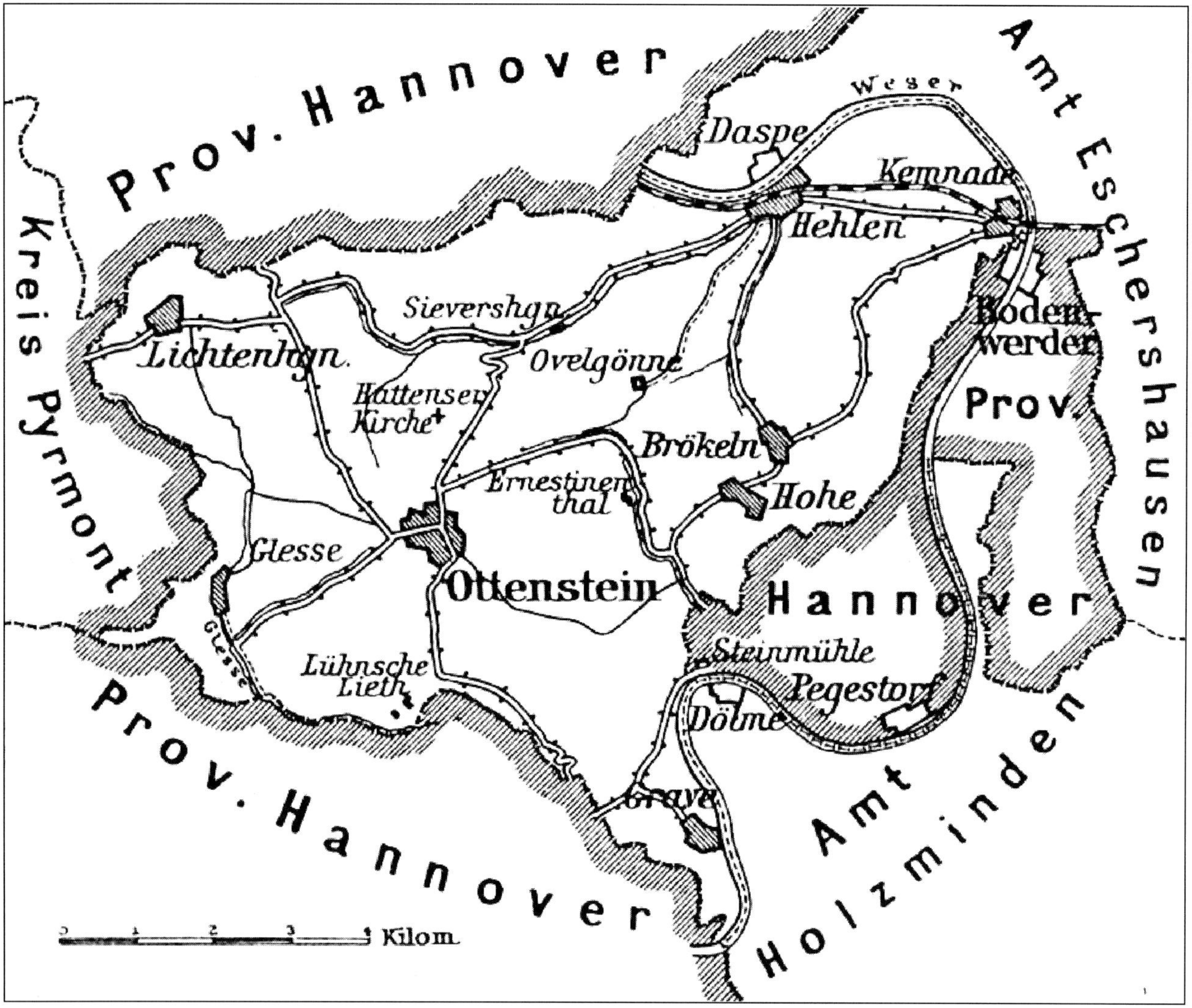

Karte des Amtsgerichtsbezirks Ottenstein im Herzogtum Braunschweig von 1907

10 Das Grab des Afrikaners Congo in Ottenstein

Die Sklaverei war ein einträgliches Geschäft

Ottenstein

Ottenstein liegt auf einer Hochfläche westlich des Wesertals. In Serpentinen schlängelt sich die schmale Straße von Polle (B83) dorthin empor. Das Land wirkt karg und nüchtern; Dörfer sind rar, man fühlt sich abseits aller Wege. 1793 hatte das Dorf 983 Einwohner, diese Zahl wird heute unterschritten. Es fehlt wenig von den Häusern aus jener Zeit, hinzugekommen ist kaum etwas – das Dorf scheint in einem Dornröschenschlaf zu verharren. Dorferneuerungsmaßnahmen von heute kamen, das mag den Besucher freuen, über bescheidene Anfänge nicht hinaus. Von den das Ortsbild bestimmenden Einhäusern (Wohn- und Wirtschaftsraum unter einem Dach) waren Anfang des 20. Jahrhunderts noch 83 vorhanden. Sie dominieren auch heute diesen verschlafenen Ort. Durchgangsverkehr braucht der Besucher nicht zu meiden, denn es gibt keinen.

In der Mitte des in Oberflecken und Unterflecken gegliederten Dorfes liegt das alte Amtshaus, eine Burg der Eversteiner (1408 fiel die Herrschaft Everstein an die Welfen), heute ein Gasthaus. Von hier aus regierte der Amtmann diesen äußersten westlichen Zipfel des Herzogtums Braunschweig. Außerhalb des Dorfes, an der Straße nach Hehlen an der Weser, sieht man über die Hügel einen Kirchturm lugen.

Die Hochzeit von Hattensen

Wer kurz hinter dem Ortsausgang von Ottenstein links abbiegt und dem Schild „Kirche Hattensen“ folgt, erreicht wenig später den Friedhof. Er ist insofern eine Besonderheit, als er auf der Gemarkung eines wüst gewordenen Dorfes liegt und bis vor 150 Jahren die Toten aller Orte der Ottensteiner Hochfläche aufnahm. Ottenstein selbst nämlich entstand dadurch, dass die Bewohner von Hattensen und Bergfelden ihre unsicher gewordenen Dörfer aufgaben und in den Schutz der Burg Ottenstein flüchteten. Allein die Dorfkirche von Hattensen blieb übrig, und sie dient bis heute als Friedhofskapelle. Doch halt, einmal fand hier sogar eine Trauung statt:

Geheimnisvoll ging es am 21. August 1791 auf dem Friedhof zu, als dort eine kleine adlige Gesellschaft eintraf. Wie sich später herausstellte, waren es Prinz William, der englische Thronfolger, seine heimliche Verlobte, die Tochter des hannoverschen Premierministers Caroline von Linsingen, Williams Bruder Ernst August, der spätere König von Hannover, Lord Dutton und ein schottischer Schiffsgeistlicher, Reverend Lloyd. Die Trauung in der Friedhofskapelle fand heimlich statt – beide versicherten sich ewige Treue.

Als die Heirat bekannt wurde, verlangte sein Vater, der englische König Georg III. (Hannover war in Personalunion mit Großbritannien verbunden), die sofortige Annullierung, und als ein Knabe geboren wurde, die Tötung des Kindes, um Erbansprüche zu verhindern. Die Ehe wurde vom König für ungültig erklärt, die Trauurkunde verschwand. Auf dem

Ottenstein mit Amtshaus und Kirche nach dem Stich von Buno-Merian von 1652

Friedhof von Driburg wurde unter Aufsicht des englischen Botschafters ein Kindersarg beigesetzt, in dem er den möglichen Thronfolger vermuten sollte. Der aber lebte, denn Carolines Vater hatte über seine Schutzjuden Rubin Meyer und Jakob Gumbrecht seinen Enkelsohn dem Juden Salomon Meyer in Frankfurt zur Adoption gegeben. Die Geschichte Caspar Hausers aus Baden hatte also einen Vorläufer im Braunschweigischen. Aber der nun so genannte Johann Georg Meyer starb nicht wie Hauser durch einen Meuchelmord, sondern machte eine erstaunliche militärische Karriere. Dass aber die Affäre nicht vergessen war, zeigt sein Spitzname König Meyer. William, als William IV. englischer König, hatte keinen weiteren männlichen Erben mehr, so dass Victoria, eine Tochter seines Bruders Eduard, als Thronerbin seine Nachfolge antrat.

Flüchtlinge und Verschleppte

Auch Antonio Congo starb vermutlich eines natürlichen Todes, wenn auch die Umstände geheimnisvoll erscheinen. Sein Grabstein auf dem Friedhof unweit der Kapelle ist schwer zu übersehen: Zwei Sandsteinplatten an der Kopf- und an der Fußseite, dazwischen das in Sandstein gefasste Grabbett. Jedes Jahr wird es von Schulkindern frisch bepflanzt und sorgfältig gepflegt. Was mag die Ottensteiner veranlassen, diese geheimnisumwitterte Grabstatt eines Landfremden bis in die heutige Zeit so liebevoll zu behüten?
Ob es die Erinnerung an ihr eigenes Schicksal als Flüchtlinge ist? Vermutlich nicht, Menschen sind vergesslich und lernen aus der Geschichte wenig. In der Chronik Merians von 1652 heißt es: *„Anno 1637, den 16. Sontag post Trinitatis, ist die vornehmste Mannschafft zum Ottenstein, nach dem sie ihr von den Schnaphanen (Plünderern) ihnen geraubtes Viehe verfolgen wollten, im Stifft Paderborn, nicht weit von Kollerbeck, von den Schnaphanen erschlagen worden. Anno 1640, den 22. August ist Ottenstein von den Croaten in Brant gesteckt, dadurch dann 70 Häuser nebest dem Pfarr- und Schulhause abgebrant und endlich hierauff in dem so lange und verderblichen Kriegs-Unwesen gantz ruinieret worden.“* Dieser unselige 30-jährige Krieg hat fast überall in den deutschen Ländern traumatische Erinnerungen hinterlassen und schreckliche Geschichten.
Wenn auch zu vermuten steht, dass den Grabstein ein Hamburger Kaufmann bezahlt haben wird, so bleibt doch die bewundernswürdige Treue der Ottensteiner zu ihrem afrikanischen Häuptlingssohn über alle Zeitläufte hinweg, und es gab gewiss seitdem viele, in denen Fremdenfeindlichkeit geradezu eine Verpflichtung war.
Schwarze Menschen allerdings waren in der Zeit der Fürstenherrschaft durchaus nichts Besonderes in den deutschen Ländern. Jeder Landesherr beschäftigte einige von ihnen, schmückte sich sozusagen mit diesen Fremdlingen, nahm sie in seine Sammlung exotischer Gegenstände auf wie Zwerge, Palmen oder Straußeneier. Auch die Braunschweiger Herzöge hatten Schwarze in ihren Diensten, z.B. als Soldaten in der Armee oder als Bedienstete und Musikanten am Hof. Und der aus Ghana stammende „Arno“, er muss schon sehr aufgefallen sein mit seiner Gescheitheit, durfte sogar studieren: Jura und Geschichte in Halle und Helmstedt. Später lehrte er in Wittenberg und Jena Philosophie. 1747 kehrte er nach Ghana zurück. Sie standen Modell für die Porzelliner in **Fürstenberg**. Und zu Kunst-

Wandern

Spaziergang durch das Dorf und die Felder und Wiesen der Hochfläche. An der Straße nach Bad Pyrmont markieren alte Grenzsteine die ehemalige Landesgrenze zum Fürstentum Waldeck-Pyrmont.

Essen und Trinken

Restaurant Burg Ottenstein (Tel. 0 52 86/12 77): Als der Hildesheimer Journalist Moldt 1978 seine Frau mit dem Satz überraschte: „Mein Schatz, ich habe uns eine Burg gekauft", hatte er noch keine Ahnung, auf welches Abenteuer er sich eingelassen hatte. Die Burg der Eversteiner, von den Braunschweiger Herzögen als Amtshaus genutzt, war in einem beklagenswerten Zustand, hatte nach dem zweiten Weltkrieg als Flüchtlingsasyl und Altersheim gedient und schließlich als baufälliges Objekt vor sich hin gedämmert. Das Herrenhaus hatten die Ottensteiner schon abgerissen, nur noch die Burg stand. Moldts Sanierung war ein langwieriger und schwieriger Prozess. Das Ergebnis aber konnte sich sehen lassen: ein Wohn- und Gasthaus mit stimmungsvollem Ambiente, in dem der Burgherr als Spezialität das „Ottensteiner Rittermahl" servierte: *„Alten Tisch- und Eßgewohnheiten angepaßt, gibt es dabei ein uriges Acht-Gänge-Menü. Mit Getränken, soviel ein jeder vertragen kann. Alle Gerichte werden mit einem breiten Jagdmesser gegessen, wie's beim Rittermahl Sitte ist. Die Suppe darf geschlürft werden, in lockerer Folge werden dann in Trögen und auf großen Platten die Speisen aufgetragen. Übrigens: Schon beim Eintreten auf der Burg wird einem ein Laken um den Hals gebunden, auf dem nach Herzenslust geklekkert werden kann."* (Bauspar Illustrierte 2/86). Auch dies ist längst Geschichte, denn Moldt hat sich zur Ruhe gesetzt und sein Restaurant an Jüngere weitergegeben. Aber noch immer isst man dort zünftig Landsknechtsgerichte: „Brimska mit Topinsky", „Burgknochen: Fraß für Hungersnot und kalte Winter. Im Eimer serviert." Budweiser und Jever Bier.

figuren geronnen Schwarze im Lustschloss **Anton Ulrichs** in **Salzdahlum** als überlebensgroße bunte Attraktionen, die zu viert den Redoutensaal einrahmten. Nach der Versteigerung des Inventars behielt sie die Stadt. Zwei stehen heute im ersten Stock des ***Städtischen Museums*** in Braunschweig, die beiden anderen als Leihgabe im ***Schloss Wolfenbüttel.***

Das Schicksal Antonio Congos

Für alle, denen es schwerfallen sollte, die Inschriften der beiden Steine des Grabes zu entziffern, hier der Text: *„Hier ruhet Antonio Congo, Sohn eines Afrikanischen Häuptlings, Namens Ambrosio Congo zu Guimbata in Africa, geboren den 12. October 1811, wurde er 8 Jahre alt, seinen Eltern geraubt und als Sklav nach Bahia in Brasilien gebracht. Hier kaufte ihn 1818 der Hamburger Kaufmann Ferdinand Schlüter, ein edler Mann, der ihn mit nach Hamburg nahm und in der christl. Religion erziehen ließ. Er wurde 1828 getauft und confirmiert. Nachdem Antonio Congo darauf das Tischlerhandwerk erlernt hatte, ging er 1834 auf Wanderschaft, auf welcher er den 3. Nov. 1843 hier erkrankte und als guter und religiöser Tischlergeselle starb am 11. Januar 1844."*

Soweit die Inschrift, weitere schriftliche Zeugnisse existieren nicht. Viel Platz also für mündliche Überlieferung, Gerüchte und Phantasie: Danach fand der Häuptlingssohn in Ottenstein den Sklavenhändler, der ihn in Afrika geraubt und in Brasilien verkauft hatte. Tatsächlich gab es in Ottenstein einen Sklavenhändler namens Schomburg, und der soll der Überlieferung zufolge einer der berüchtigsten Menschenhändler seiner Zeit gewesen sein, der mit bewaffneten Abenteurern in das Kongogebiet fuhr, um in nächtlichen Überfällen auf Dörfer im Hinterland die „Ware" für das blendende Geschäft zu fangen.

„Bleiben mir Neger dreihundert nur
Im Hafen von Rio Janeiro,
Dort zahlt mir hundert Dukaten das Stück
Das Haus Gonzales Perreiro",

beschreibt Heinrich Heine das Geschäft mit den Sklaven. Was Schomburg nicht verkaufen konnte, ließ er umbringen. In Brasilien soll der Hamburger Kaufmann Schlüter diesen Schomburg getroffen und den Häuptlingssohn gekauft haben. Der Ottensteiner Heimatchronist Theodor Henniges nimmt an, dass Antonius Congo im Herbst 1843 seinem Peiniger auf die Spur kam. Das mag nicht ganz abwegig sein, wenn man unterstellt, dass Schomburg und Schlüter sich über ihre Herkunft unterhalten haben könnten. Henniges Nachforschungen im Staatsarchiv in Hamburg ergaben die Richtigkeit der Angaben auf dem Grabstein: Am 29. September 1830 begann Congo bei Tischlermeister Friedrich Segelke unter Vorlage seines katholischen Taufscheines und der Hinterlegung des Lehrgeldes von 40 Mark durch seinen Retter Schlüter seine Lehre, und am 31. März 1834 wurde er in die Gesellenrolle eingetragen. Von einem unnatürlichen Tod in Ottenstein weiß die Überlieferung nichts.

Tetzelstein, Gaststätte und Denkmal (Postkarte von 1910)

11 Der Tetzelstein im Elm

Denkmalskult im Historismus

Tetzel wird ausgeraubt

Die Elmstraße zwischen Königslutter und Schöppenstedt führt über den Tetzelstein. Wer dem Schild zum Gasthaus folgt, sieht ein Denkmal aufragen, das an ein spätmittelalterliches Tabernakel erinnert. Im Schaft lesen wir auf einer Tafel:

„In dieser jetzt soviel bewegten Zeit,
Die wir mit jener wohl vergleichen mögen,
In welcher Luther lebte, lehrte, schuf,
Wollt' ich der wohlbekannten kühnen Tat
Des Ritters Hagen, der dem Tetzel hier
Den reichgefüllten Ablaßkasten leerte,
Nachdem ihm Ablaß ward, ein Denkmal weihn,
Wie es ein schlichter Stein nicht immer kann:
Nur darum hielt ich den Gedanken fest,
Und schuf in dieser Waldeseinsamkeit
Der Tat dies Denkmal neben jenem Stein,
Der drei Jahrhunderte die Stelle wahrte,
Die gutgekannt im Volksmund blieb:
Denn jedes Kind zeigt gern dem Wandersmann,
Wo Tetzel um den Ablaßschatz gekommen."

In jenem Jahr 1846, als der braunschweigische Oberhofmarschall von Lübeck das Denkmal als neugotische Fiale errichten ließ, schrieb der bekannte Stadtdirektor Wilhelm Bode, dem eine Straße im östlichen Ringgebiet gewidmet ist, sein Buch „Der Elm und seine Umgebung". Darin erzählt er auch die Geschichte dieses Ortes:
„Ein Ritter, nach der gewöhnlichen Angabe aus dem Geschlechte der von Hagen, unternahm es, dem in Dummheit befangenen Haufen tatsächlich zu zeigen, was es mit der Sündenvergebung des Betrügers auf sich habe. Er fand sich am Marienbilde zu Königslutter ein, büßte und zahlte reichlich für zukünftig zu begehende Sünden, denn so weit hatte man den Unsinn schon getrieben. Sein Gefolge begleitete ihn dann bis in das Dunkel des Ostaraberges, den Zug des mutigen Vergebers der Sünden hier zu erwarten. Der Befehl an Knappen und Knechte, den heuchlerischen Ketzermeister zu ergreifen, nach Gebühr zu züchtigen und seine Schätze dem umstehenden Volkshaufen zu öffnen, wurde pünktlich vollzogen, und die Tat, einer der Vorläufer der Reformation, wurde durch Einsetzung des Denkmals verewigt."
Natürlich ist Bode nicht der einzige Berichterstatter eines derart spektakulären Ereignisses. Unser nächster Zeuge soll Philipp Melanchthon sein, der große Reformator, Freund und Weggefährte Luthers: *„Tetzel, der Mönch, der den päpstlichen Ablaß hierher brachte, sagte vieles höchst schamlos, aber ihm wurde nicht weit von hier von einem übel mitgespielt. Der fragte ihn, ob er Gewalt habe, von zukünftigen Vergehen loszusprechen, und versprach ihm 10 Taler. Darauf antwortete jener, das sei eine schwierige Sache, aber allerdings sei ihm vom Papst volle Gewalt gegeben, jedoch könne die Lossprechung um so wenig Geld nicht erkauft werden. Daher kam man überein, daß jener 20 oder 30 Taler bezahlte und durch einen Ablaßbrief*

Nach dem deutsch-französischen Krieg von 1870, der zur deutschen Einheit führte, entstanden überall im Land „Kriegerdenkmäler" für die Gefallenen dieses Krieges. Im Braunschweiger Land zeigten diese oft einen thronenden Löwen als Landessymbol oder die Göttin Brunonia (Postkarte von Bad Harzburg ca. 1910).

von der Sünde, die er begehen wollte, losgesprochen wurde. Darauf legte der Räuber unterwegs einen Hinterhalt und raubte ihm alles Geld, das er aus der Stadt zusammengebracht hatte. Der Mönch kehrte in die Stadt zurück zu der Behörde und verklagte den Räuber. Dieser aber zog seinen Ablaßbrief hervor und entschuldigte die Tat, weil ihm ja diese Tat von dem Mönche selbst erlaubt worden sei. Und so kam jener straflos davon, und der andere wurde ermahnt, klüger zu handeln."

In der Beschreibung von F. Knoll und R. Bode „Das Herzogtum Braunschweig" (1891), die den lokalen Sagen nachgeht, nimmt die Angelegenheit sogar ein blutiges Ende:

„Zum Stiftsbezirk Königslutter gehört auch das Vorwerk Hagenhof, die alte curia Hagen, welche Kaiser Lothar 1135 mit 12 Hufen dem Kloster schenkte. Die Sage bezeichnete den Herrenhof als ehemaliges Besitztum der von Hagen. Hier soll auch der Ritter von Hagen gewohnt haben, welcher den Ablaßkrämer Tetzel überfallen oder wie eine andere Überlieferung meldet, bei den oben am Elm zwischen Königslutter und Sunstadt belegenen Schlägesbusch erschlagen haben."

Die wandernde Sage

Es ließen sich noch eine ganze Reihe solcher Tetzel-Geschichten zitieren, denn in fast allen Gegenden Deutschlands gibt es Anekdoten von Überfällen auf den Dominikanermönch, der, nebenbei bemerkt, ganz friedlich im Bette starb. Den drei zitierten Quellen ist zunächst anzusehen, dass sie ganz unterschiedlichen Bedürfnissen dienen. Während Bode ein gebildetes Publikum ansprach, über Aberglauben aufklärte und den Ritter von Hagen, dem Zeitgeschmack entsprechend, zu einem Robin Hood machte, erzählt Melanchthon seinen Zuhörern eine Anekdote, die den alten Glauben lächerlich machen und die lutherische Lehre rechtfertigen soll.

Ihren Ursprung haben alle diese Erzählungen im Handel der katholischen Kirche mit Ablässen, deren Sünden mindernde Kraft nach ihrer Lehrmeinung aus den „überschüssigen guten Werken" der Heiligen stammen. Luther ärgerte sich über den Ablass, den der Papst zum Bau einer neuen standesgemäßen Peterskirche ausschrieb. Die Fugger streckten das Geld vor und die Dominikaner vertrieben die Ablasszettel marktschreierisch, wohl tatsächlich sogar manchmal für noch nicht begangene Sünden. Das eingenommene Geld floss umgehend in die Truhen der Fugger, Tetzel erhielt ein ansehnliches Taschengeld.

Die Betrachtung unserer Quellen verrät, dass die Sage vom Überfall auf Tetzel in den älteren Texten nicht genau lokalisiert ist, also an verschiedenen Orten verwendet werden konnte. Melanchthon gebrauchte sie für die Leute in Wittenberg und verlegte sie in die nähere Umgebung. Verfolgen wir das Motiv dieser wandernden Sage bis hin zu seinem Ursprung, stoßen wir auf einen Predigtentwurf des Franziskaners Bernhardinus de Busti von 1500, den Hermann Osterley 1866 entdeckte: *„Hört ein Beispiel, das zu der Zeit geschah, da Franziscus Sforza Herzog von Mailand war. Ein gewissenloser Beichtvater zog durch die Diözese von Mailand, gab falsche Ablassbriefe und sprach von allen Sünden los, sowohl von begangenen wie von zukünftigen. Einer aber, der das wohl verstand, kam zu ihm und bat ihn, ihn von einer großen Sünde loszusprechen, die er begehen wollte. Der Beichtvater verlangte einen*

Neben Bismarck- und Wilhelm-Denkmälern in den Städten errichteten Denkmalkomitees an exponierten Stellen oder auf Bergen Säulen bzw. „Warten“, die neben der nationalen Vergewisserung als Ausflugsziel dienten (Postkarte der Kaiserwarte in Blankenburg von 1897).

Dukaten für die besagte Lossprechung. Das wurde schriftlich gemacht. Der so Losgesprochene aber wußte, daß vorbesagter Beichtvater mit einer großen Menge Geldes jenes Land verlassen mußte, erwartete ihn an einer Stelle und raubte ihn völlig aus.“ Es folgt wie bei Bode, dass der Mönch den Räuber verklagte und seine Klage abgewiesen wurde. Und die Predigt endete: *„Glaubt also nicht jedem Scharlatan, der da sagt, er habe Gewalt loszusprechen, sondern haltet den Spruch im Buch Sirach 37,9: Hüte deine Seele vor einem schlechten Rat.“*

Während gebildete Schreiber die wandernde Sage, die so gut für den „rechten Glauben“ warb, eher im Nirgendwo ansiedelten, lokalisierte das einfache Volk, das sich blutige Geschichten zur Erbauung gern des Abends in der Spinnstube erzählte, die Anekdote genau, denn was vor der Haustur passiert, ist besonders interessant und muss authentisch sein. Dass Tetzel in Königslutter gewesen ist und den Elm nach Schöppenstedt hin überquerte, darüber gibt es keine Zeugnisse, wohl aber an der besagten Stelle einen alten bearbeiteten Stein, der ganz in der Nähe des neugotischen Denkmals steht und auf den sich das Gedicht im Innern bezieht. Erstmals erwähnt wird er 1676 in einem Schreiben an den Rat von Schöppenstedt als „Stein auf dem Großen Rode“, er kann aber sehr viel älter sein. In der Spitze ist ein kleines Kreuz eingemeißelt, was darauf hindeutet, dass es sich um einen Sühnestein handelt. Sie wurden an Stellen aufgestellt, wo ein Mord begangen oder jemand verunglückt war. Sie sollten erinnern und mahnen und Vorübergehende auffordern, für das Seelenheil des Verstorbenen zu beten. Manche haben Kreuzform, andere sind Stelen mit einem eingehauenen Kreuz. Die meisten von ihnen sind heutzutage verschwunden.

Denkmäler fördern das Nationalbewusstsein

Kehren wir zurück zum neugotischen Denkmal von 1846 am Tetzelstein. Denkmalskult ist ein Produkt des 19. Jahrhunderts. Als im 18. Jahrhundert das „Nibelungenlied“ entdeckt wurde, schenkte man es Friedrich dem Großen. Er äußerte: „Keinen Schuß Pulver wert!“ Ein halbes Jahrhundert später war es zum Nationalepos aufgestiegen, und der bayerische König Ludwig I. schmückte seine Residenz mit Szenen aus dem Buch. Dieser Landesherr ließ 1830-1842 auch die Walhalla bei Regensburg über der Donau erbauen und schmückte sie mit den Büsten großer Gestalten der deutschen Geschichte. Bei Kehlheim wuchs 1842-1863 als Nationaldenkmal eine Befreiungshalle empor, die den Sieg über Napoleon feierte.

Die Ausbreitung der Wissenschaft als Grundlage des technischen Fortschritts hatte auch die Geisteswissenschaften revolutioniert: Geschichte wurde zur Wissenschaft, und aus historischem Wissen wurde historisches Bewusstsein. Das traf sich mit dem Wunsch nach nationaler Einheit und Freiheit in Deutschland, der erwacht war durch den Freiheitskampf gegen Napoleon. In diesen Kontext gehört auch unser Ehrenmal im Elm. Es erinnert an die Entstehung des Protestantismus in Deutschland, an Luthers Reformation und mittelbar an die Schaffung der deutschen Nationalsprache.

Als es 1846 errichtet wurde, stand es um Einheit in Freiheit schlecht: Die meisten Fürsten, die in den deutschen Ländern regierten, wollten eine politische Einheit nicht. Und sie misstrauten deshalb diesen historischen Denkmälern, die für Einheitskundgebungen benutzt wurden. So waren

Eines der frühesten historistischen Denkmäler: das Monument aus Gusseisen für die Herzöge Friedrich Wilhelm und Carl Wilhelm Ferdinand aus der Eisenhütte in Zorge auf dem Löwenwall in Braunschweig (P.J.Krahe, 1822; Postkarte von 1901)

ihre Spitzel anwesend, wenn zu Füßen des Denkmals am Tetzelstein nationalgesinnte Vereine ihre Sängerfeste feierten, getarnte Veranstaltungen für die Einheit.

Ein Bedürfnis war die Einheit für die Deutschen in allen Ländern, schon weil die Zersplitterung das wirtschaftliche Wachstum behinderte: Im „Pfennig-Magazin" aus Leipzig macht sich der Redakteur 1833 über die deutsche Kleinstaaterei lustig: *„In dem Badeorte Pyrmont im Fürstenthume Waldeck ist vor kurzem nach der Versicherung der scherzhaften „Dorfzeitung" ein Pistolenduell zwischen einem Apotheker und einem Schreiber vorgekommen, unter Umständen, die ohne Beispiel sein dürften. Der Apotheker stand auf preußischem, sein Secundant auf lippischem, der Schreiber auf waldeckischem, sein Secundant auf hannöverschem Boden; die beiden Kugeln fand man auf braunschweigischem Boden."*

Auch die Turnfeste, die seit 1866 am Tetzelstein stattfanden, sind Demonstrationen für die Einheit gewesen. Inzwischen allerdings, nachdem sie die Revolution von 1848 zerschlagen hatten, haben sich die deutschen Fürsten selbst an die Spitze der Einigungsbewegung gestellt, um sie in die von ihnen gewünschte Richtung zu lenken: Einheit ja, Freiheit kaum und Demokratie fast gar nicht. Unter der Führung des preußischen Ministerpräsidenten **Bismarck** schufen sie 1871 ein Reich nach ihrem Geschmack.

Historismus als Baustil

Trotz des Einheitsbestrebens fehlte es diesem neuen Reich aber an Reichsbewusstsein, wie sich ziemlich bald zeigte. Zu lange hatten sich die Einzelstaaten selbständig entwikkelt, so dass immer wieder, wenn Probleme auftauchten, partikulare Gegenkräfte mobil wurden (z.B. im sogenannten Kulturkampf). Um die Sonderinteressen der Länder abzubauen, setzte eine umfangreiche Reichs- und Kaiserpropaganda ein.

In diesen Kontext gehören auch die zahlreichen nationalen Denkmäler, die überall wie Pilze aus dem Boden sprossen. Nationale Ereignisse, historische und geistesgeschichtliche Persönlichkeiten erhielten ebenso ihr Denkmal wie **Bismarck** und Wilhelm I. (im Land Braunschweig: die ***Wilhelmstürme in Holzminden und Blankenburg***, die acht Figuren zur „Verherrlichung des Reiches" auf der Kaiser-Wilhelm-Brücke in Braunschweig, die ***Bismarcksäule in Bad Harzburg*** und der ***Bismarckturm in der Asse***, ***Standbilder für Lessing, Gauß und den Komponisten Abt***).

Überall entstanden Bauten für eine Gegenwart, die ihre Begründung in der Vergangenheit suchte. Dafür kopiert man die früheren architektonischen Stile, errichtet Bahnhöfe, die wie Paläste, und Postämter, die wie gotische Kirchen aussehen. Verfallene Kulturdenkmäler werden aus Trümmern wiedererrichtet, dem Original „nachempfunden", z.B. die Kaiserpfalz in Goslar oder die Burg Dankwarderode in Braunschweig. Historienmaler schmücken sie mit Szenen aus der Geschichte. Kathedralen aus dem Mittelalter werden zu Ende gebaut, Burgen erneuert. Der Adel setzt neue Burgen in die Landschaft, z.B. das Schloß Wernigerode oder die Marienburg bei Hildesheim, und spielt dort Ritterspiele. Die Neureichen in den Städten machen es ihnen nach und bauen Häuser, die wie Burgen aussehen.

Daneben jedoch feiern die Bürger auch ihre regionalen Fürsten und Persönlichkeiten von Rang durch Denkmäler,

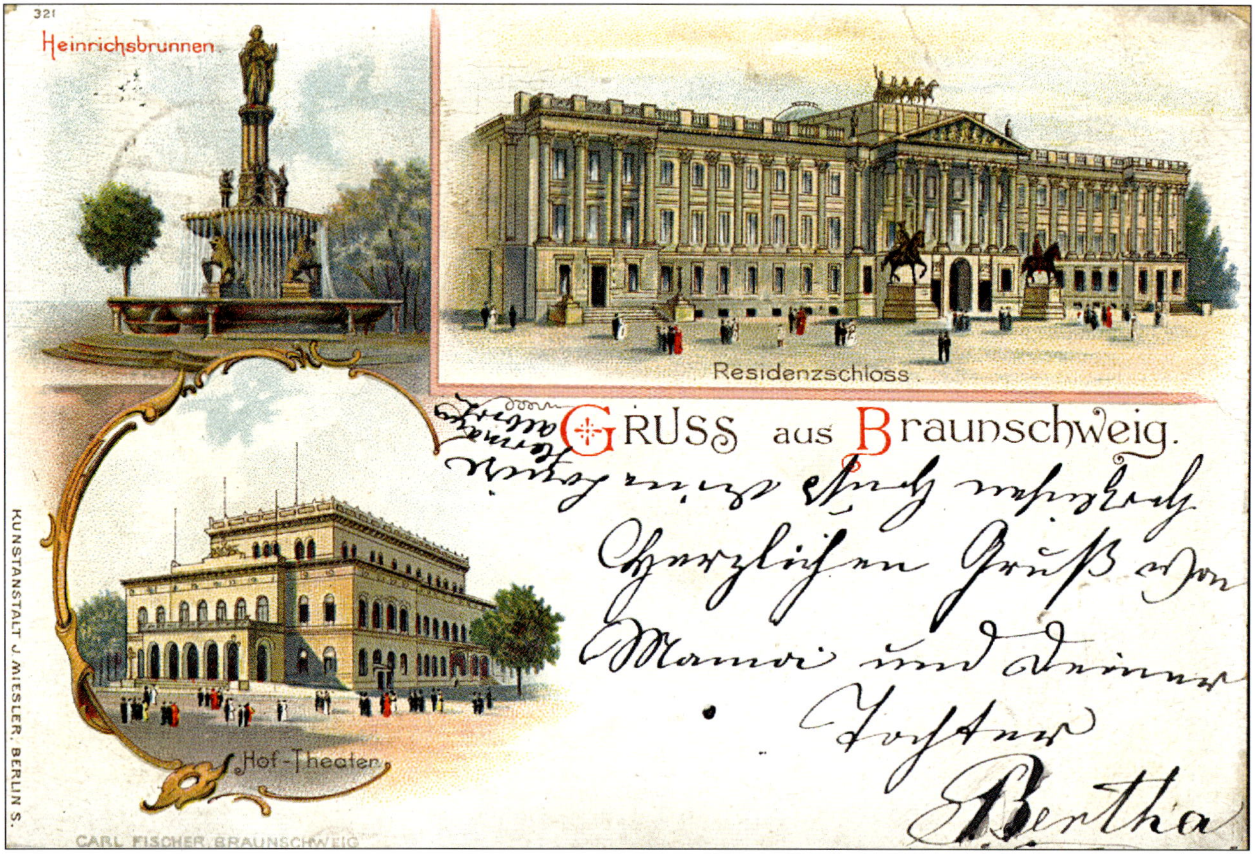

Der Heinrichsbrunnen auf dem Hagenmarkt von 1874, Bronzefigur von Howaldt (Postkarte von 1898).

denn natürlich bleiben sie auch Landeskinder (in der Stadt Braunschweig: 1874 Reiterstandbilder für **Carl Wilhelm Ferdinand** und **Friedrich Wilhelm** und die ***Brunnenfigur Heinrichs des Löwen***, 1881 Brunonia als Siegesgöttin, 1902 ***Bugenhagen***, 1904 Herzog **Wilhelm**, 1906 ***Eulenspiegel***).

1935 untersuchte der Braunschweiger Landesarchäologe Hofmeister den Boden unter dem Sühnekreuz Tetzelstein. Er fand nur Scherben von Bierflaschen. Daraus schloss er, dass das Sühnekreuz ursprünglich an einer anderen Stelle gestanden haben müsse. Umgesetzt worden sei es vermutlich 1839, als der Tetzelweg befahrbar gemacht wurde. Hofmeister rekonstruierte den wahrscheinlichen alten Standort und ließ es dort wieder aufstellen. So finden wir es noch heute, eingebunden in eine beschauliche Umgebung.

Wandern

Eine Wanderkarte am Tetzelstein informiert über Wanderwege in der näheren Umgebung.

Essen und Trinken

„Waldgaststätte Tetzelstein"; Spezialitäten: Elmforelle und Wildgerichte.

12 Der Blumenau-Gedenkstein in Hasselfelde

Auswanderung nach Amerika

Gedanken um ein Denkmal

Es steht, idyllisch von Bäumen umgeben, seit 1904 gegenüber dem liebevoll restaurierten hölzernen Bahnhof von Hasselfelde im Harz. Der unbehauene Granit signalisiert Bodenständigkeit, wurde jedoch einem Auswanderer gewidmet. Und auch die Wahl des Ortes erscheint nur auf den ersten Blick schlüssig, denn 1846, als Hermann Blumenau Deutschland verließ, gab es die Harzbahn noch nicht. Ungewöhnlich sind aber nicht nur Material und Standort, sondern schon seine bloße Existenz. Denn dass einem Auswanderer in seiner Heimat Nachruhm wird, geschieht selten. Da muss man schon Carl Schurz heißen und in Amerika als Minister zu Ruhm gekommen sein, wenn sich die Heimat erinnern soll. Und dass dieser Gedenkstein sogar die kommunistische Bilderstürmerei überlebte, ist ein Wunder, hatten doch gerade sie vor der „Republikflucht" ihrer Bürger eine höllische Angst. Damit standen sie allerdings nicht allein.

Herzog **Carl Wilhelm Ferdinand** von Braunschweig-Wolfenbüttel hatte seine „Landeskinder" 1776 und in den

Urwald wird gerodet für eine Siedlung im Munizip (Bezirk) Blumenau

folgenden Jahren für viel Geld als Soldaten an den englischen König vermietet, um sie gegen die nordamerikanischen „Rebellen“ kämpfen zu lassen. Als diejenigen, die den Krieg überlebten und nicht desertiert waren, 1783 heimkehrten (früher durften sie nicht, um dem Herzog das Geschäft nicht zu verderben), veröffentlichte er im folgenden Jahr ein Edikt, um den Erzählungen von der großen amerikanischen Freiheit und dem weiten, fruchtbaren Land die Verlockung zu nehmen. Er wollte die Verfügungsgewalt über seine Untertanen nicht verlieren, denn er plante, den Soldatenhandel fortzusetzen.

Die „Landeskinder“ wurden von ihrem Herzog eindringlich gewarnt, *„nicht leichtfertig den falschen Versprechungen einiger Verführer“* auf den Leim zu gehen, denn Auswanderung bedeute das *„sichere Verderben“*. Doch bei Ermahnungen beließ er es nicht: Wer beim Verlassen des „Vaterlandes“ erwischt wurde, sollte *„sogleich gefänglich verwahrt“* werden. Die Obrigkeiten im Lande mussten darüber hinaus potenzielle Auswanderer ausspionieren und fürsorglich verhaften. Verdacht erregte jemand, der sich einen Pass ausstellen ließ oder *„bewegliche und unbewegliche Güter“* verkaufen wollte. Und auch das gab es schon: Der Besitz landesflüchtiger Braunschweiger wurde konfisziert, vorhandenes und zukünftiges Vermögen fiel an den Staat. Erst mit dem Ende des Absolutismus kam auch das Ende des Auswanderungsverbotes.

Hermann Blumenau

Er wurde als jüngster Sohn eines Oberförsters 1819 in Hasselfelde geboren, besuchte das Martino-Katharineum in Braunschweig und wurde vom Vater, der wenig von ihm hielt, kurz vor dem Abitur trotz guter Leistungen in eine Apothekerlehre gesteckt, die er 1840 mit besten Beurteilungen beendete. Nach Apothekertätigkeit in Hasselfelde und Erfurt begann er 1844 mit einem Chemiestudium in Erlangen, das er 1846 als Dr.phil. abschloss. Schon während des Studiums beschäftigte er sich mit Auswanderungsplänen bzw. der Gründung einer Siedlung in Südamerika.

Eine größere deutsche Einwanderung nach Brasilien hatte 1824 eingesetzt, als auch die Ansiedlung von Protestanten erlaubt wurde. Besonders im Bundesstaat Santa Catarina entstanden zahlreiche deutsche Siedlungen, von denen Blumenau heute mit 250.000 Einwohnern die größte ist. Not oder drohende Verfolgung im politisch zersplitterten und wirtschaftlich unterentwickelten Deutschland trieben Hunderttausende im vorigen Jahrhundert in die Neue Welt, sie kamen auch aus dem Herzogtum Braunschweig. Blumenau führte 1846 als Beauftragter der „Gesellschaft zum Schutze Deutscher Auswanderer“ (Kolonialgesellschaft) eine kleine Gruppe nach Brasilien. Dort lernte er Portugiesisch und informierte sich über Bodenverhältnisse und Klima im Bundesstaat Santa Catarina. In etwas holprigem Deutsch berichtete eine brasilianische Zeitschrift 1960 über seine Expedition: *„Die Auskuenfte, welche er ueber die Fruchtbarkeit der Laendereien laengs des grossen Kuestenflusses (Itajai-Acú) erhielt sowie eigene Beobachtungen waehrend seines kurzen Aufenthaltes in der Ortschaft „des allerheiligsten Sakramentes“ (Itajai), veranlassten ihn zu einer eingehenden Untersuchung dieser Laendereien. Dr. Blumenau trat mit seinem Landsmann Ferdinand Hackradt in Verbindung, und im*

Das Blumenau-Denkmal in der Anlage
beim Bahnhof von Hasselfelde

Januar 1848 begann die von beiden organisierte Expedition ins Innere, flussaufwaerts in Einbaeumen. Ein Eingeborener namens Angelo Dias, welcher mit den Flussverhaeltnissen gut vertraut war, diente ihnen als Fuehrer. Nach 3 Tagen grosser Anstrengungen und etwa 80 Kilometer Fahrt erreichte die Expedition die Muendungen der Baeche Garcia und Velha. Bis hierher waren die beiden Ufer des Itajai-Acú mehr oder weniger bewohnt... Blumenau liess Hackradt im Lager an der Velha-Muendung zurueck und fuhr mit Angelo Dias weiter ins Innere. Unternehmungslustig und voller Entdeckerfreude, begeisterte sich Blumenau an der Ueppigkeit der Laendereien und des Urwaldes zu beiden Seiten des grossen Flusses, welche ungeheure Flaechen nach allen Seiten hin einnahmen; ab und zu waren die Flaechen von Baechen und Fluessen durchquert, welche alle in den Itajai-Acú muendeten. Er beschloss, diese Laendereien zu besiedeln und, zurueckgekehrt, erhielt er von dem damaligen Gouverneur der Provinz eine Konzession ueber zwei Quadratmeilen Land."

Danach kehrte Blumenau nach Braunschweig zurück und warb für seine Siedlung. Mit 17 Personen, teils Alleinstehende, teils Familien, Braunschweiger, Hannoveraner, Preußen, Sachsen und Holsteiner, kehrte er 1850 zurück und begann mit dem Aufbau unter primitivsten Verhältnissen, bei Unwetterkatastrophen, Überschwemmungen und Indianerüberfällen. Seine Nachfahrin Jutta Blumenau-Niesel schreibt: *„Nachdem die Kolonie endlich, nach Jahren des Verdrusses und kräftezehrender Arbeit zu bescheidener Blüte gediehen war, zeigte die brasilianische Regierung zum ersten Mal wirkliches Interesse und übernahm das Munizip 1860. Hermann Blumenau war von nun an staatlich angestellter Koloniedirektor. Wenig später wurde das weitläufige, viele Quadratkilometer umfassende Areal nach seinem Gründer benannt. Jetzt flossen die einst so spärlichen Subventionen, und die Kolonie gedieh: Schulen, Krankenhäuser, Kirchen – früher aus einfachen Hütten bestehend – wurden nun aus Stein erbaut."*

Der Bericht ist ein wenig geschönt. Hermann Blumenau trat als patriarchalischer Generalunternehmer auf und verbrauchte für den Auf- und Ausbau der Kolonie sein Privatvermögen und mehrere hunderttausend Mark Staatskredite. Nach acht Jahren musste er aufgeben, alle Mittel waren verbraucht. Die Regierung nahm als Entschädigung für das verlorene Darlehen den grössten Teil des Landes zurück, entschädigte ihn jedoch für den Verlust seines Privatvermögens stattlich und ernannte ihn zum Koloniedirektor.

Deutsche Siedler in Blumenau

Zahlreiche deutsche Auswanderer suchten nun mit Hilfe und finanzieller Unterstützung Brasiliens eine neue Heimat in Blumenau und Umgebung, so auch die Familie Pöpper aus Schöningen, deren Familienoberhaupt als Melker in der Domäne gearbeitet hatte. Sie erhielten 1869 Land und bauten ihr erstes Haus aus Palmenholz. *„Die Palmen wurden, so wie sie wuchsen, als Ständer benutzt. Das Dach wurde mit Palmblättern gedeckt . . . Am ganzen Haus war kein Nagel verwendet worden . . . An dem Tage, als wir unsere Kolonie bezogen, hörte die Verpflegung durch den Staat auf, und wir waren nun auf uns selbst angewiesen. Nun ging es ans Urwaldroden. Danach wurden Mais, Reis*

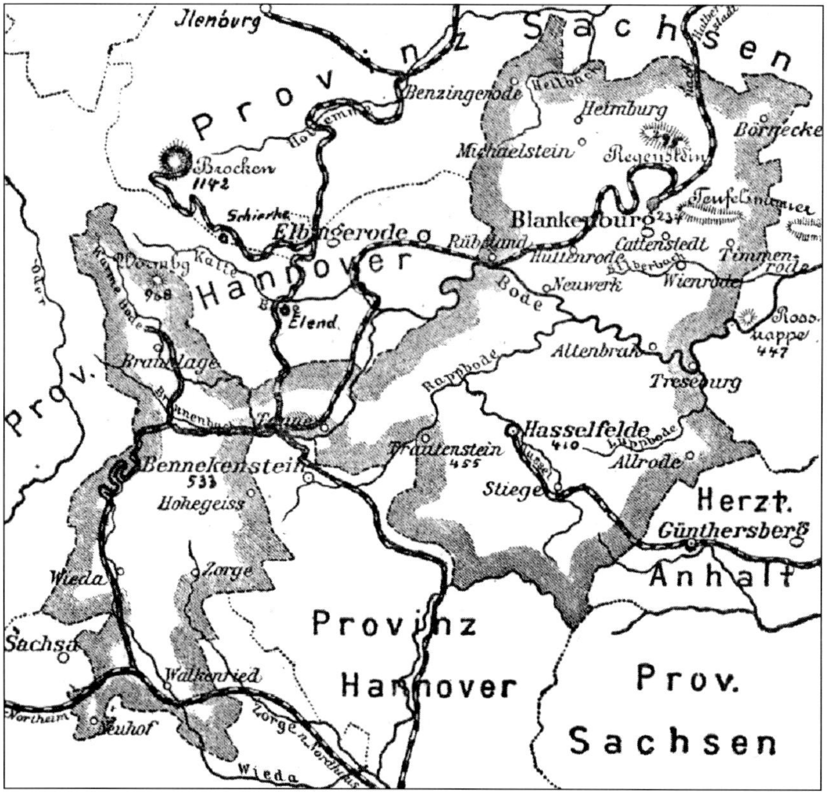

Karte des Amtsgerichtsbezirks Blankenburg von 1921

Wandern

Beim Durchstreifen des Ortes, der, wie die Chronik berichtet, 1346 völlig zerstört wurde und 1559, 1705, 1834 und 1893 abbrannte, stößt der Besucher im Fremdenverkehrsamt, dass im ersten Stockwerk eines Fachwerkgebäudes zu Hause ist, auf ein ***Blumenau-Zimmer***, in dem in rührender Schlichtheit Erinnerungen an Hermann Blumenau und seine Stadt in Brasilien versammelt sind. In der Zukunft soll einmal sein Geburtshaus Ort der Erinnerung werden.
Hasselfelde ist umgeben von mehreren, schön gelegenen Teichen, die zum Spaziergang einladen.

Essen und Trinken

In der Nähe des Marktes liegt das China-Restaurant „Lotus", Breite Straße 23 (Tel. 03 94 59/ 7 22 33). Gilde und Hasseröder Bier.

und süße Kartoffeln angebaut. Wir haben später auch deutsche Kartoffeln angebaut, aber die brachten zu wenig und schmeckten auch nicht gut."Um die vom Staat finanzierte Überfahrt abzuzahlen, musste das Familienoberhaupt acht bis 14 Tage im Monat für die brasilianische Regierung arbeiten, vor allen Dingen zur Erschließung der Region. Das Leben war karg, und die Arbeit hart. Doch mit der Zeit brachten Arbeit und gutes Land ordentliche Erträge.
1884 kehrte Blumenau, der inzwischen verheiratet war und drei Kinder hatte, nach Braunschweig zurück. Er hatte das Klima auf die Dauer nicht vertragen. In seiner Wohnung in der Gliesmaroder Straße starb er am 30. Oktober 1899. Er hat noch immer ein Grab auf dem ***Hauptfriedhof***(Abteilung 57), aber die sterblichen Überreste wurden 1974 nach Blumenau überführt und in einem Mausoleum beigesetzt.
1885 erhielt der Braunschweiger Pastor Gustav Stutzer Besuch von seinem Bruder, der mit Blumenau ausgewandert war. Der angegriffene gesundheitliche Zustand des Pastors und die deutschnationale Kolonialpropaganda seiner Zeit (das Deutschtum der Auswanderer bewahren) brachten ihn auf die Idee, nach Blumenau zu gehen, vorher aber Dr. Blumenau den Rest seiner Ländereien abzukaufen. *„Der Besitz liege unmittelbar bei der Stadt, mehrere hundert Morgen sogar im Stadtbezirke. Die Stadt könne sich deshalb nicht recht entwickeln. Einzelne Stücke gäbe er nicht ab, und der Ärger darüber sei in der Kolonie groß, so groß, daß die Kammer beschlossen habe, nicht sein Bild für den Sitzungssaal des Rathauses malen zu lassen, sondern das seines früheren verdienstvollen Sekretärs. Der alte Herr, wütend über diesen Beschluß, sei aber mürbe geworden und würde mir das Land unter günstigen Zahlungsbedingungen verkaufen."*

Dieses Land sollte nach dem Kauf aufgeteilt und an Siedler verkauft werden. Stutzer schilderte nach seiner Ankunft, wie der Ort inzwischen aussah: *„Schön war die Allee von Königspalmen, ansehnlich das Rathaus, stolz die katholische, unscheinbar, aber hübsch die evangelische Kirche, unbedeutend die Schule, malerisch das alte Schützenhaus. Als Landschaft betrachtet, ist die Lage sehr anziehend. Die kleine Ebene ist von mannigfach geformten Hügeln und Bergen umgeben. Der breite Fluß bildet einen Bogen gegen die Stadt und nimmt inmitten der Straßen die Garcia, einen Nebenfluß, auf, über welchen eine auffallend hohe, stattliche Brücke führt."* Die hohe Brücke war notwendig, denn Blumenau hatte trotz Warnung seine Stadt an einer von Hochwasser gefährdeten Stelle angelegt.
Und über die Bauernhöfe berichtete Stutzer: *„Wo es die Formation des Grundstückes gestattet, hat jede Kolonie 220 Meter Front und umfaßt rund 100 preußische Morgen (fast 25 Hektar). Stehen die Häuser am Wege, so trifft man, bald rechts, bald links, auf 100 bis 200 Meter eins. Es fehlt mithin dem Auge nicht an Unterhaltung, und die Gegend erscheint belebt. Hier ein schmuckes, massives Haus, alle einstöckig, in weißem Putz, dort eins mit Brettern der braunen oder schwarzen Canella (Zimtbaum) beschlagen. Blanke Fenster mit weißen Gardinen. Gärten, die das Entzükken jedes Blumenfreundes sein müssen, denn da wächst und wuchert, was man in Deutschland nur in sogenannten Palmengärten findet."*
Heute hängt nicht nur Blumenaus Porträt im Rathaus, auch zwei stattliche Denkmäler erinnern an ihn und seine Pioniertat.

Hirschsprung-Denkmal bei Greene von 1606.

Wilhelm-Gedenkstein in Altenbrak von 1846, er wurde 1878 und 1998 renoviert.

13 Der Wilhelm-Gedenkstein in Altenbrak

Die Jagdleidenschaft der Herzöge

Fast vom Blitz erschlagen

Im Sommer 1846 jagte Herzog Wilhelm von seinem Schloss in Blankenburg aus, wie es die Tradition unter regierenden Häuptern war und ist, in seinen Revieren Hirsche. Allerdings war ein kapitaler Schuss des Staatsoberhauptes kein Grund mehr, ein Denkmal zu errichten, wie es zu Herzog Heinrich Julius Zeit noch Brauch war. Gefeiert wurde allenfalls der tausendste.

Damals im Jahre 1606 ließ **Herzog Heinrich Julius** einen Gedenkstein aufstellen, um triumphierend zu verkünden, dass er bei Greene einen kapitalen Hirsch geschossen hatte. Otto Elster berichtet: *„Noch jetzt bedecken, wie in früheren Zeiten, herrliche Buchenwaldungen die oft steilen Anhöhen jener Gegend, und die Herzöge von Braunschweig liebten es, in diesen dichten Waldungen der Jagdlust zu obliegen. So erzählt uns auch jener Stein von einer glücklichen Jagd, auf welcher Herzog Heinrich Julius im Sommer des Jahres 1606 einen Kapitalhirsch erlegte. Eine halbe Stunde von Greene in der sogenannten „Luge“ findet sich auf einer Höhe, kurzweg der „Camp“ genannt, ein mit einer Inschrift versehener Stein aufgerichtet, von der Größe und der Gestalt eines Leichensteines.“*

Von **Wilhelms** Jagd berichteten die Zeitungen, dass er am 6. August 1846 zur Jagd aufbrach, dass er am ersten Tag mit seiner Jagdgesellschaft im Wienroder Revier die Hirsche erschreckte und einen Zwölfender erlegte, am zweiten Tag die Jagd im Allroder Revier fortsetzte, sie aber wegen eines heftigen Gewitters abbrechen musste.

„Der Herzog fuhr in offener Droschke zurück. Auf dieser Fahrt nun hätte sich fast ein großes Unglück ereignet, denn ein Blitzstrahl traf wenige Schritte von den Pferden eine am Wege stehende Eiche und zersplitterte dieselbe von oben bis unten. Die Pferde erschraken heftig und waren im Begriffe durchzugehen; nur durch die Geistesgegenwart und das umsichtige Benehmen des Leibkutschers wurde größeres Unglück verhütet.

Am Abend traf die Jagdgesellschaft auf dem Schlosse zusammen, durchnäßt bis auf die Haut. Im Kaisersaale fand wiederum Tafel mit 14 Gedecken statt, an der das Ereigniß im Bodethale den Hauptgesprächstoff bildete. Am folgenden Tage, einem Sonntage, ward in der Schloßkirche um 10 Uhr Gottesdienst abgehalten. In der Predigt gedachte der Superindendent Dr. Lenz der Errettung des Fürsten aus der Gefahr. Herzog Wilhelm wohnte mit seinem Gefolge dem Gottesdienste bei.

Zur Erinnerung an diese glückliche Erhaltung des Landesherrn wurde bald darauf unter Leitung des damaligen Bergraths Dasse zu Rübeland an jener Stelle, wo der Blitz den Baum zerschmetterte, ein kleines Denkmal errichtet, bestehend aus einem einfachen Quadersockel in Sandstein mit darauf ruhendem Obelisk aus grauem Rübeländer Marmor.“

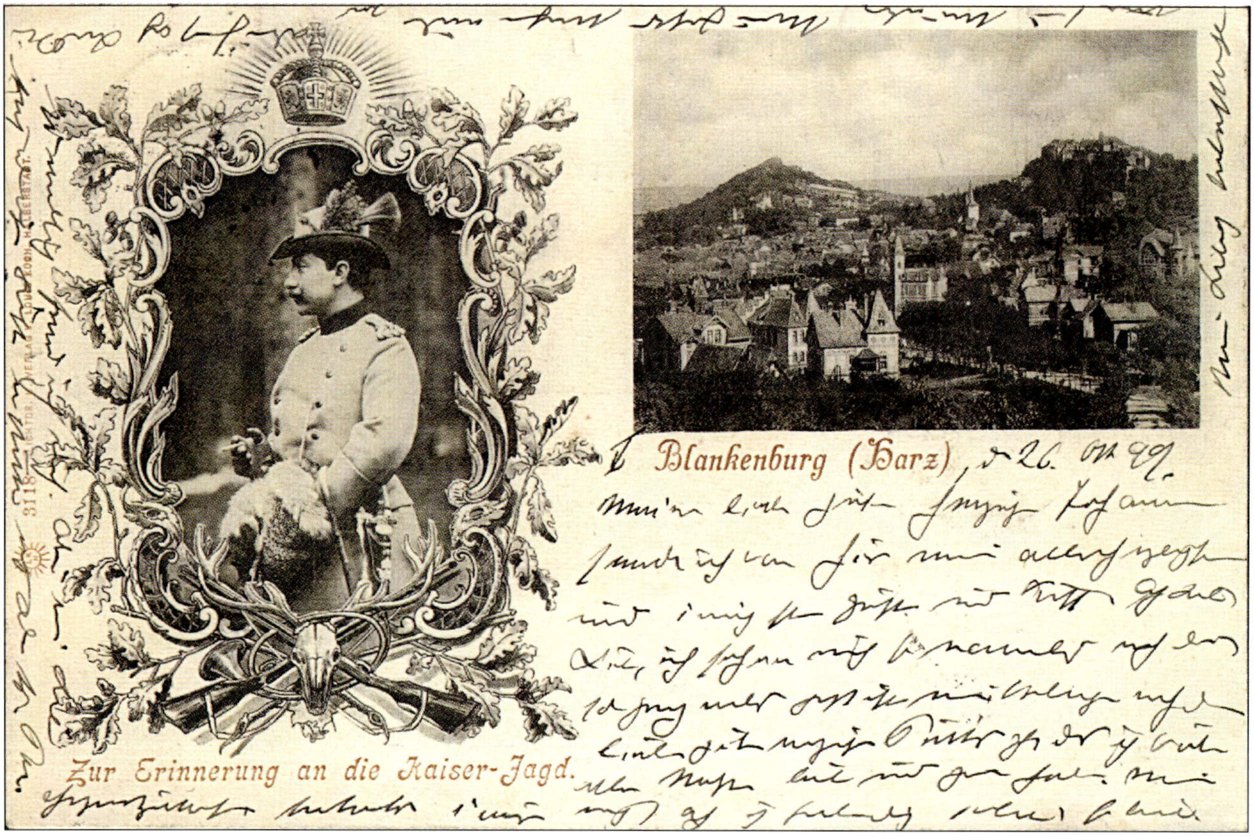

Auch Kaiser Wilhelm II. zählte zu den begeisterten Jägern, er ganz besonders, weil er beweisen wollte, dass er trotz seines verkrüppelten Armes ein vollwertiger Jäger wäre (Postkarte, herausgegeben anlässlich der Staatsjagd in den Blankenburger Forsten des braunschweigischen Herzogs 1899). Wer Zweifel hat an der Korrektheit der Lithographien aus der Zeit vor der Jahrhundertwende, vergleiche das obige Foto mit der Abbildung auf Seite 86.

Herzog Ernst August fährt zur Jagd

Dass das Jagdrevier zwischen Wienrode und Altenbrak sich bei den Braunschweiger Herzögen besonderer Beliebtheit erfreute, versteht man, wenn man die Straße zwischen beiden Orten befährt. Man taucht ein in einen herrlichen Mischwald aus Buchen, Eichen und Kastanien – ein idealer Tummelplatz für Schwarzwild. Beim Kilometerstein 2,4 streift man einen kleinen Parkplatz mit einem weiteren Denkmal. Der rund zwei Meter hohe Sandsteinmonolith trägt die Aufschrift *„Hier schoss am 13. October 1895 der Oberjägermeister Frhr. Fritz v. Veltheim-Destedt seinen 748sten und letzten Hirsch."*

Auch der letzte Braunschweiger Herzog, **Ernst August**, war ein wackerer Jäger. Noch keine 14 Tage auf dem Thron, ließ er im November 1913 in seinen Forsten bei **Blankenburg** zur Saujagd blasen, und die lokale Presse begeisterte sich an der Schießfreude des hohen Herrn. Der Ausflug begann mit einem Missverständnis, denn Seine Königliche Hoheit verwirrte die Blankenburger mit unadligem Verhalten: *„In dichten Reihen hielten die Menschen, die auch aus den Nachbarorten herbeigeeilt waren, die Umgebung des Schlosses besetzt, selbst herunter bis zur Kaserne, an der Hasselfelderstraße und Mauerstraße...*

Alles spannt und wartet, um dem Herzog eine jubelnde Begrüßung zu bereiten. Doch ohne einen Ruf fuhr das Auto vorüber, denn niemand ahnte, daß der Hohe Herr das Auto selbst lenkte. Erst kurz vor dem Schlosse erscholl ein lebhaftes Hurra. Seine Hoheit hatte ein sehr gutes gesundes Aussehen und dankte freundlich für die Begrüßung." So ging der Tag dann doch noch zur beiderseitigen Zufriedenheit zu Ende.

Wie erklärt sich die Begeisterung der Harzer für ihren jungen Landesherren? Herzog Carl II. (Regierungszeit 1823-1830), ein hochfahrender, dünkelhafter und politisch unreifer Mensch, war 1830 wegen seiner Missachtung der Rechte der Landstände aus dem Lande gejagt worden, behielt aber durch Bundestagsbeschluss für seine eventuellen Nachkommen das Ebrecht auf den Thron, so dass Wilhelm, der seinem Bruder auf den Thron folgte, keine Neigung verspürte zu heiraten.

Seine lange Herrschaft von 1830 bis 1884 behielten die Braunschweiger in guter Erinnerung, auch wenn er gegen Ende seines Lebens zu einem verschrobenen Hagestolz wurde. Sie lobten die Lauterkeit seines Charakters, seine Reformfreude und Freigiebigheit.

Als er 1884 starb, starb mit ihm die braunschweigische Welfenlinie aus. Der Thron ging auf die hannoverschen Welfen über, aber die hatten 1866 gegen Preußen gekämpft und verloren. Das Land war preußische Provinz geworden, und die Welfen hatten emigrieren müssen. An eine Thronfolge in Braunschweig war also nicht zu denken.

Nach Jahren der Regentschaft im Herzogtum Braunschweig durch fremde Prinzen kam es erst 1913 zu einer Lösung, denn der welfische Kronprinz Ernst August lernte die Kaisertochter Viktoria Luise kennen und lieben. Der preußische König und deutsche Kaiser Wilhelm II. stimmte der Heirat zu, so dass Ernst August Herzog von Braunschweig werden konnte. Die leidige Frage der Thronfolge hatte die Braunschweiger über Jahrzehnte beschäftigt, so dass es nicht wundern wird, wenn viele Blankenburger diesen jungen Mann mal sehen wollten, der die glänzendste Partie des Jahres gemacht hatte.

Gedenkstein für den Oberjägermeister Freiherrn Fritz von Veltheim-Destedt

Wandern

Landschaftlich besonders reizvoll ist die Anfahrt nach Altenbrak von Blankenburg über Cattenstedt, Wienrode und Treseburg. In Cattenstedt zweigt die schmale, aber gut ausgebaute Straße ab. In Altenbrak fährt man durch den ganzen Ort bis zum Denkmal der drei Forellen. Kurz vorher zweigt nach rechts die „Alte Straße" ab. Dort kann man parken, geht bis zur Straßengabelung und von dort geradeaus weiter die alte Landstraße. Schon nach wenigen Metern stößt man auf das Denkmal für Herzog Wilhelm.

Die bequem zu gehende alte Straße führt als attraktiver Wanderweg weiter zum Brockenblick (2 km), nach Todtenrode (3,5 km, Grillhütte) und Wendefurth (4,5 km). Mit etwas Glück trifft man Rotwild, Wildschweine und Mufflons, ja sogar Waschbären.

Essen und Trinken

Im Ort führt ein Wanderweg (von der Brücke an, Hinweisschild) rund 500 Meter an der Bode entlang zur Forellenzucht Zordel. Dort kann man frische oder geräucherte Bode-Forellen kaufen und auch (etwas spartanisch) essen. Forellengerichte bietet auch das Restaurant und Cafè „Weißes Roß". Ur-Krostitzer Bier.

Oberhalb des Ortes liegt das „Cafè Fontane", das wegen des prachtvollen Panoramablicks lohnt. Es soll an den Roman „Cecile" des Dichters erinnern, der zum Teil in Altenbrak spielt. Man erreicht es zu Fuß über eine Treppe oder mit dem Auto auf einer sehr schmalen Straße.

Tag für Tag berichtete nun das „Blankenburger Kreisblatt“ über die Erfolge des Herzogs beim Abschießen von Wildschweinen. Unter der Überschrift „Vom Hofe“ hieß es am 26.11.: *„Ein günstiges Jagdergebnis hat Seine Königliche Hoheit gestern an seinem ersten Jagdtag im Blankenburger Hofjagd-Revier erzielt.“* S.K.H. erschoss 40 von 148 Wildschweinen.

Am zweiten Tag trieb man ihn die wilden Schweine noch sorgfältiger vor die Flinte, so dass er von 71 erlegten Sauen 28 auf sein Konto schreiben konnte. Am dritten Tag hatte man am Morgen Pech, weil es zu stark windete, erst am Nachmittag knallte es wieder munter. *„Man fand dafür eine Entschädigung im zweiten Treiben im Forstorte Mittelberg, das eine volle Stunde währte und bei dem 26 Sauen, wovon Seine Königliche Hoheit 10 erlegte, und 3 Stück Rotwild zur Strecke gebracht wurden.“* Es war ein rabenschwarzer Tag für die Wildsauen, denn nicht genug damit, am Nachmittag ging das blutige Treiben weiter: noch einmal 10 von 48 Sauen legte der Herzog höchst eigenhändig um.

Etliche Blankenburger dachten sich nichts dabei, manche hielten es wohl gar für edles Waidwerk, was sich da in den Wäldern abspielte, und verabschiedeten, immer noch halbwegs begeistert, ihren jungen Herrn: *„Der Hohe Herr lenkte das Automobil wieder selbst und nahm den Weg durch die Stadt. In einem zweiten Automobile folgten die Kavaliere . . .*

Das zahlreiche Publikum, das die Straßen besetzt hielt, rief dem Herzog noch einen freudigen Abschiedsgruß zu. Seine Königliche Hoheit hat sich sehr erfreut über den hiesigen Aufenthalt ausgesprochen und zum Ausdruck gebracht, daß er sich darauf freue, im Frühjahr mit seiner Gemahlin zu längerem Aufenthalt nach Schloß Blankenburg zu kommen.“

Dichter nennen solche Aussagen tragische Ironie, denn Ernst August würde von 1919 bis 1945 dauerhaft Gelegenheit haben, in Blankenburg zu leben, gegen seinen Willen, denn die Braunschweiger werden ihn 1918 aus seinem Residenzschloss vertreiben und die Republik ausrufen. Nicht dass er sich so viele Dummheiten erlaubt hätte wie Carl II., er hatte das Pech, zusammen mit dem Kaiser einen Krieg zu verlieren. Um seine Forsten mit den edlen Wildschweinen, die er gern weiter verfolgen und abschießen wollte, musste er einen langwierigen Prozess gegen seine ehemaligen Landeskinder führen, der mit einem Vergleich endete. Ernst August durfte das Schloss in Blankenburg und 10.244 ha Forst im Kreise behalten und die Güter Gebhardshagen, Heimburg, Hessen und Lichtenberg mit 2018 ha. Reichlich Platz also für weitere erfolgreiche Jagden. Erst 1945 war es auch damit vorbei: Die Russen zogen in Blankenburg ein und enteigneten den Herzog entschädigungslos.

Ansicht von Bad Harzburg aus dem Jahr 1898 mit der Canossa-Säule

14 Die Canossa-Säule in Bad Harzburg

Der Kulturkampf Bismarcks

Der Gang nach Canossa

Wir neigen dazu, den deutschen König Heinrich IV. (1050-1106) zu bedauern, weil wir in der Schule gelernt haben, dass Papst Gregor VII. ihn zwang, nach Canossa zu pilgern, um sich vom Bann zu lösen. Dieser Heinrich hat unser Bedauern aber im Grunde nicht verdient, denn er war in seiner Jugend ein arroganter Rüpel, dem lediglich zugute zu halten ist, dass es nicht seine Schuld war, verwahrlost aufzuwachsen. Sein Vater Heinrich III. war 1056 gestorben und hatte einen unmündigen König zurückgelassen, der erst 1065 die Herrschaft antreten konnte. Anders als seinen Vorgängern gehörte ihm als König kein Herzogtum mehr, auf dessen Steuern und Lehnsleute er sich stützen konnte.

Deshalb musste er auf Reichsgut zurückgreifen, das nach dem Aussterben adliger Geschlechter an das Reich zurückfiel. Besonders im Nordharz und Thüringen lagen solche freien Reichsgüter. Um sich gegen die lokalen Gewalten durchzusetzen, die diese beanspruchten, ließ er Burgen errichten oder zu Reichsfesten ausbauen. Die Pfalz Goslar und die Harzburg sollten innerhalb dieses Konzeptes seine Residenzen werden.

Die Herzöge des Reiches, besonders aber die sächsischen Grafen, erkannten, worauf dieser Burgenbau hinauslief: auf die Beschneidung ihrer Macht, die sie besonders in den zehn Jahren der Unmündigkeit ihres Königs ausgebaut hatten. Sie beklagten den Machtanspruch und fühlten sich herausgefordert durch seine Arroganz. So lud er sie z.B. am 29. Juni 1073 zu einer Versammlung ein, die Streit schlichten sollte, ließ die Herren Grafen Stunde um Stunde warten und spielte in dieser Zeit mit seinen Günstlingen Würfel. So überliefert es ein Chronist, der nicht gut auf Heinrich zu sprechen war. Die Adligen suchten eine Gelegenheit, um sich dieses Königs zu entledigen. Sie kam unerwartet durch den Papst.

Seit sich das religiöse Leben des Mittelalters durch die Mönche von Cluny erneuerte, gelangten Reformpäpste an die Macht, die nicht länger dulden wollten, dass der König die Bischöfe einsetzte. Adlige kauften sich dieses Amt und nahmen Geld für die Priesterweihe und die Ernennung von Diakonen. Sie kümmerten sich kaum um ihre geistlichen Aufgaben, standen jedoch treu zu ihrem königlichen Lehensherren, zogen mit ihm in den Kampf und dienten ihm in der Regierung.

Als der hitzköpfige Kaiser Heinrich auf den religiösen Eiferer Gregor traf, den man 1073 zum Papst gewählt hatte, kam es zum Eklat. Mit seinem „Dictatus papae" 1075 erschütterte er die mittelalterliche Ordnung in Europa bis in die Grundfesten. Als Oberhaupt der Kirche habe ihm auch der Kaiser als Schützer des Glaubens in Europa die Füße zu küssen, der Papst könne Könige und Kaiser einsetzen und entthronen. Diese aber hätten nicht das Recht, Kirchenfürsten zu bestimmen. Heinrich erklärte Gregor für abge-

Links: Phantasieansicht von der alten Harzburg-Sage von der weißen Jungfer: „Einstmals ist ein Verbrecher namens Schöppenstedt in den Brunnen heruntergelassen worden. Das Leben sollte ihm geschenkt sein, wenn er glücklich aus einem Gang, der aus dem Brunnen führen soll, herauskäme. Als nun Sch. in dem Brunnen war, kam er an eine eiserne Tür, diese tat sich plötzlich auf, und vor ihm stand die weiße Jungfer und sagte, es sei sein Glück, daß er nicht aus Mutwillen gekommen sei, führte ihn dann einen Gang entlang und (so) kam Schöppenstedt an dem jetzigen Schöppenstedter Grund heraus. Auf diesem Gang soll auch Kaiser Heinrich IV. heimlich aus der Burg vor den Sachsen entwichen sein." (Postkarte ca. 1925, Text der Rückseite) Rechts: „Bismarckstein", die Canossasäule mit den Walküren von 1883 (Postkarte von 1900)

setzt, Gregor erklärte Heinrich für abgesetzt und bannte ihn. Die deutschen Fürsten sahen eine Gelegenheit, sich von dem lästigen Herrscher zu befreien und kündigten ihm die Gefolgschaft. Heinrich blieb nichts anderes übrig, als nach Canossa zu pilgern. Der Papst, der auf dem Wege nach Deutschland war, um sich mit den Fürsten über die Wahl eines neuen Königs zu beraten, flüchtete auf die Burg Canossa der Gräfin Mathilde, denn er glaubte, Heinrich käme mit einem Heer. Er kam aber als Pilger im Büßerhemd über die Alpen und musste drei Tage Bußgänge um die Burg machen, ehe der Papst ihn vom Bann befreite.
Damit war aber der Kampf keineswegs beendet. Es dauerte noch bis 1122, ehe der Investiturstreit beigelegt wurde. Beide Seiten gingen als Verlierer aus diesen Kämpfen hervor: Die Staaten Westeuropas befreiten sich aus dem Machtanspruch von Kaiser und Papst und überwanden schneller die überholte mittelalterliche Feudalordnung als Italien und Deutschland.

Bismarck verliebt sich

Wenn wir heute mit der Seilbahn oder zu Fuß den Großen Burgberg erreichen, können wir die steinernen Reste der Burg Heinrichs erwandern. Was uns aber dort oben zuallererst auffällt, ist ein gewaltiger Obelisk, den wir schon leuchten sehen, wenn wir im Ort die Außenanlagen des Thermalbades durchschwimmen. Die geheimnisvolle Botschaft dieses steinernen Mahnmals lautet: *„Nach Canossa gehen wir nicht."*
Unser Weg in die Vergangenheit führt uns nun in die Bismarckzeit. Der deutsche Reichskanzler hat sich der örtlichen Legende nach auf der Harzburg verlobt. Um Bismarck von seiner unglücklichen Liebe zur Frau seines Freundes Moritz von Blanckenburg zu befreien, arrangierten die Eheleute eine Harzreise, an der eine junge Verwandte, Johanna von Puttkamer, teilnahm. Ob Bismarck ihr auf der Rosstrappe, in Blankenburg, auf der Harzburg oder der Burg Falkenstein die Ehe versprach, darüber verzankten sich die lokalen Chronisten im vorigen Jahrhundert. Johanna erinnerte sich: *„Das junge Blanckenburgische Ehepaar unternahm mit mir eine Reise nach dem Harz, und es fand sich Otto von Bismarck auch 'ganz zufällig' ein. Dort aber, wo die sterblichen Menschen dem ewigen Himmel so nahe sind, wo Sonne, Mond und Sterne zu den Füßen der Wanderer ihre Bahnen zu ziehen scheinen, da fand ich meinen Mann."* Das lässt viele Möglichkeiten offen.
Die Bad Harzburger sind überzeugt, dass damit ihre Harzburg gemeint ist, wo die beiden tatsächlich weilten. In der Chronik des Hotels „Zur Krone" in Blankenburg heißt es: *„Von den zahlreichen vornehmen Gästen . . . seien erwähnt Bismarck und Johanna von Puttkamer in Begleitung ihrer Verwandten, die zusammen in den ersten Augusttagen 1846 dort weilten und sich hier verlobten . . .*
So erzählte ein alter Blankenburger, der einst als Gast bei dem Fürstenpaar in Friedrichsruh weilte, daß man ihn auch aufgefordert habe, seine Namen und seinen Heimatort in das Gästebuch einzutragen. Als er gezögert habe, seinen schlichten Namen und den des kleinen Städtchens zu hochklingenden Fürstennamen und glänzenden Residenzen einzutragen, habe die Fürstin gesagt, indem sie dabei lächelnd ihren Mann ansah: 'Nun schreiben Sie nur! Wir haben Blankenburg sehr gern; denn dort im Kronengarten haben wir uns ja verlobt'" Um die Verwirrung um Bismarcks

Burgberg von Bad Harzburg mit dem Restaurant und der Canossa-Säule (Postkarte von 1900)

Verlobung vollständig zu machen: Johanna schrieb 1846 an ihre Mutter, dass ein Abend auf der Burg Falkenstein zum Eheversprechen geführt habe. Die Verlobung erfolgte am 12.Januar 1857 im pommerschen Reinfeld auf dem Gut ihrer Eltern.

Neustadt will Bad Harzburg werden

Bad Harzburg, damals noch Neustadt, aber auch andere Harzorte nutzten klingende Namen, um ins Gespräch der vermögenden Schichten und damit ins Geschäft zu kommen. Erst 1852 setzte mit der Umwandlung der Saline in ein Solbad der Badebetrieb bescheiden ein. Nachdem 1871 die Harzburger Aktiengesellschaft gegründet war, die ein respektabeles Hotel („Harzburger Hof") und ein Kurhaus (1874) baute, und 1873 die Crodoquelle zur *„Vermehrung und Verbesserung der Heilmittel"* erbohrt war, schuf man Wanderwege und stellte Denkmäler auf, um den Erholungssuchenden Wanderziele zu bieten.

Und am 26. August 1878 wird bei strömendem Regen die 19 Meter hohe Canossasäule enthüllt, für die 1875 der Grundstein gelegt worden war. In die Säule ist ein Reliefporträt Bismarcks eingelassen, das in der Werkstatt Howaldt in Braunschweig gegossen wurde. Noch ehe die allgemeine Bismarckbegeisterung immer neue Bismarcksäulen, -türme und -standbilder gebar (so z.B. den Bismarckturm bei Wittmar in der Asse), hatte das Harzburger Denkmals-Komitee die Nase vorn und präsentierte dem jungen Kaiserreich ein Denkmal, das Erinnerung, Dank und Programm gleichermaßen war. Es schlug den Bogen zur Vergangenheit und wies den Weg, wie man den Bayern, Badensern und Braunschweigern ein Reichsbewusstsein schaffen konnte: durch Berufung auf eine vermeintlich glorreiche gemeinsame Vergangenheit. Es erwies dem Schöpfer des neuen Reiches seine Reverenz und erinnerte an einen Ort seines privaten Glücks. Und es verknüpfte Geschichte mit Gegenwart, denn nicht nur Heinrich IV. kämpfte gegen das Papsttum, auch Bismarck. Im Deutschen Reichstag hielt er am 14. Mai 1872 eine Rede, die in dem Ausspruch gipfelte: *„Nach Canossa gehen wir nicht!"*

Nach Canossa gehen wir nicht

Nach der Reichsgründung war es zur Gründung der katholischen Zentrumspartei gekommen. Bismarck befürchtete nicht ganz zu Unrecht, dass sie das Zusammenwachsen der deutschen Länder durch ihre Ausrichtung auf das Papsttum behindern könnte und erließ scharfe Gesetze zur Trennung von Kirche und Staat. So wurden die Jesuiten verboten, die katholische Kirche staatlicher Kontrolle unterstellt, Zivilehe und staatliche Schulaufsicht eingeführt. Dieser Kulturkampf dauerte bis 1887 und endete mit einem Vergleich.

Eigentlich hatte das Herzogtum Braunschweig mit dem Kulturkampf Bismarcks nichts zu tun, nur Preußen, Hessen und Baden führten ihn. Braunschweigs Verflechtung von Staat und Kirche war durch die Landesverfassung von 1830 sanktioniert. Die staatliche Schulaufsicht z.B. wurde erst 1918 endgültig eingeführt, obwohl das Fürstentum Braunschweig-Wolfenbüttel das erste deutsche Land gewesen war, das 1786 unter dem aufgeklärten Herzog **Carl Wilhelm Ferdinand** die Trennung von Staat und Kirche vollzogen hatte. Nach dem Einspruch der Ständevertretung wurde dieser mutige Schritt vier Jahre später aber wieder aufgehoben.

Wandern:
Nach Überqueren der Bundesstraße in Höhe der Talstation der Seilbahn beginnt der Aufstieg zum Denkmal. Auf dem Burgberg führen mehrere ausgeschilderte Wanderwege in die Umgebung.

Auf dem Großen Burgberg, dem Standort der Heinrichsburg, sind von der Westburg Teile der südlichen Ringmauer und des Burgtores zu sehen, der 42 Meter tiefe Brunnen, der künstliche Graben zwischen West- und Ostburg und Außenwälle. Der Turmstumpf stammt aus der Zeit Kaiser Ottos IV.. Von der Ostburg sind die Fundamente rekonstruiert.

Essen und Trinken:
Spezialist für gute regionale Küche ist der „Braunschweiger Hof“.

Roman Abt, Schweizer Ingenieur, Erfinder des Abt-Schneiderschen Zahnradsystems

Bismarck bedankte sich für die Stein gewordene Unterstützung seiner Politik durch die Honoratioren von Bad Harzburg. Zur Grundsteinlegung schrieb er im Mai 1875: *„Ich sehe in diesem Vorhaben eine neue Bekundung des Einverständnises und der Unterstützung in der Abwehr der Übergriffe, mit welchen auch heute deutsches Leben von römischer Herrschsucht bedroht wird.“* Und zur Einweihung am 17. August 1877, indem er zunächst bedauerte, wegen seiner angeschlagenen Gesundheit an der Enthüllung nicht teilnehmen zu können: *„Ich werde aber, wo es auch sein mag, so Gott will, die Feier am 26. im Sinne der Unabhängigkeit deutschen Geistes von jeder Fremdherrschaft mit Ihnen gleichzeitig begehen.“*
Harzburg bedankte sich artig, indem es 1883 das Denkmal von zwei Walküren flankieren ließ und 1895 Bismarck zum Ehrenbürger machte. Nach dessen Tode 1898 (im Jahr zuvor war der Blitz in die Canossasäule gefahren) kam noch eine Bismarckstraße hinzu, im Lindenhof erhielt eine 400-jährige Linde eine Ehrentafel und ein Aussichtspunkt am Brockenweg den Namen Bismarckklippe. Er ist geschmückt mit einem Reliefporträt des Kanzlers.

15 Das Denkmal für Albert Schneider in Blankenburg

Der schwierige Eisenbahnbau im Harz

Erwünscht, aber unbezahlbar

Warum eine Zahnradbahn von Blankenburg nach Tanne? Den Harz per Bahn zu durchqueren, das war im vorigen Jahrhundert vorstellbar und wünschenswert, aber finanziell nur schwer zu verwirklichen. Alle wichtigen Linien umgingen dieses Mittelgebirge, nur die Orte am Rand waren angeschlossen. Der aufwendig gedruckte Jubiläumsbericht der Halberstadt-Blankenburger Eisenbahn (HBE) von 1898 nennt den wichtigsten Grund: *„Die Hauptschwierigkeit, den Wünschen unserer Harzer gerecht zu werden, lag darin, dass alle Vorarbeiten für reine normalspurige Adhäsionsbahnen (Reibungsbahnen) in den Harz, die bis dahin mehrfach gemacht waren, stets in Folge der engen Grenzen der mit Vortheil noch anzuwendenden Maximalsteigungen derselben bis 1:40 eine zu grosse Längenentwicklung und in Folge der erforderlichen grossen Erd- und Felsbewegungen und Kunstbauten so enorm hohe Herstellungskosten ergaben, dass in Rücksicht auf die zunächst nachzuweisenden verhältnismässig nur geringen Transportmengen, an eine Verzinsung des hohen Anlagekapitals*

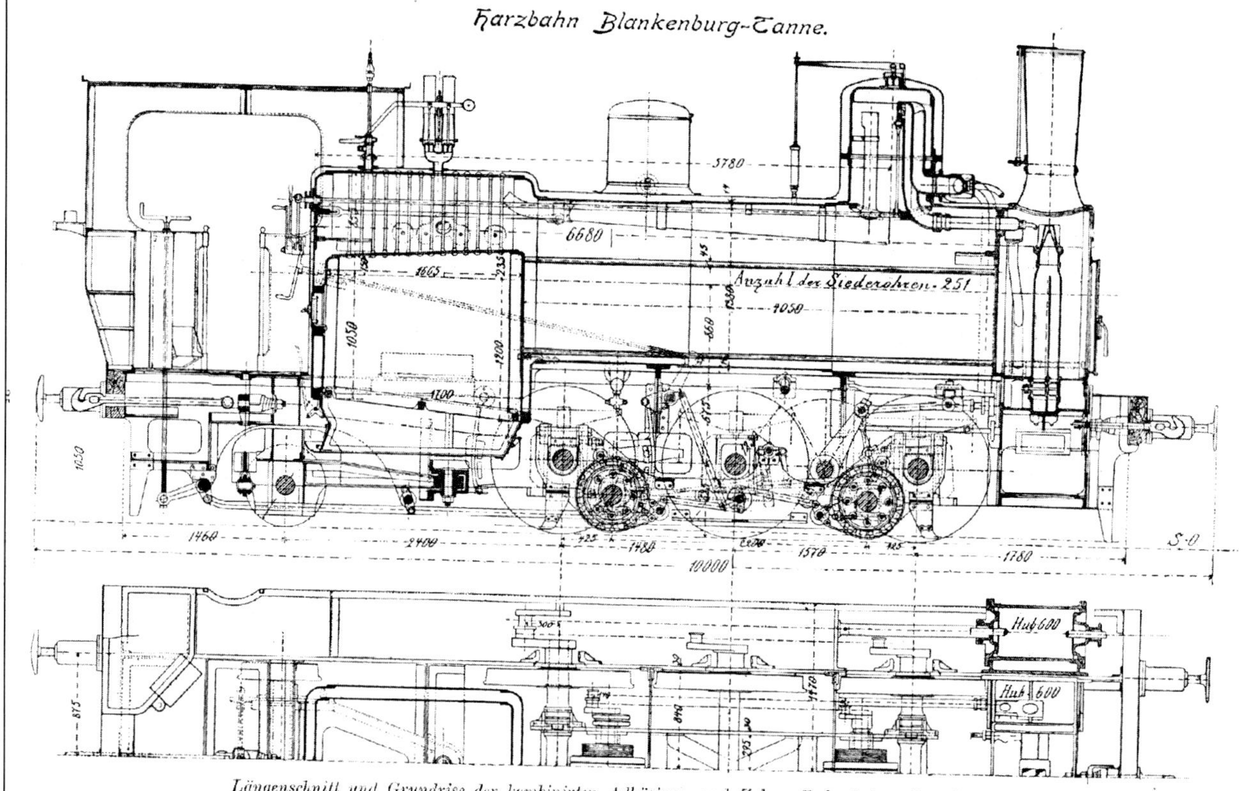

Längenschnitt und Grundriss der kombinirten Adhäsions- und Zahnradbahn-Lokomotive, System Abt.

Schemazeichnung der Zahnradbahn

solcher Bahnen in oder durch den Harz nicht gedacht werden konnte.“ Im Klartext: Eine Dampflok rutscht, wenn der Neigungswinkel zu groß wird. Also muss man die Strecke erheblich verlängern und enorme Gelder für Bergeinschnitte, Aufschüttungen, Tunnel und Brücken aufwenden, um Kalk und Wackersteine ins Flachland zu befördern.

Mit weniger Aufwand lässt sich in einem Mittelgebirge eine Schmalspurbahn bauen: sie erlaubt schärfere Krümmungen. Was das aber in der Praxis bedeutet, schildert Baurat Niemann vom Bau der preußischen Harzquerbahn 1896: *„Während auf der Nordhäuser Seite die ersten 12 km unter einfachen Verhältnissen durch flaches Gelände ohne größere Dämme und Brücken verliefen, begannen bei der Bauabteilung Wernigerode alsbald hinter Hasserode erhebliche Schwierigkeiten.*

Nicht bloß, daß die Bahn auf dieser Seite auf ihren ersten 14 km von einer Kurve in die andere fährt – es liegen von km 60 (Wernigerode) bis km 46 (Drei-Annen-Hohne) wohl mehr als 70 Kurven – die Bahn muß sich mit Gewalt in die Hänge drängen, um ihr schmales Planum sicher aufbauen zu können, sich tief in die scharfen Bergnasen einschneiden. Und dabei soll sie in schlanker Linie die von Tälern leider so sehr eingeschmiegten Bauwerke (Brücken) überqueren und sich in scharfer Kurve (70 m Halbmesser) durch den 70 m langen Tunnel winden.“ Auf den acht Kilometern zwischen Steinerner Renne und Drei-Annen-Hohne muss diese Bahn 226 Meter hoch klettern. Wer einen Bahn-Ausflug von Wernigerode zum Brocken macht, kann die Strekke noch heute erfahren.

Die preußischen Harzrandstädte Wernigerode und Nordhausen wollten eine direkte Verbindung unter Umgehung der braunschweigischen Orte, scheiterten jedoch zunächst, weil die Kosten den kalkulierten Nutzen überstiegen. Erst 1896/97 konnten sie eine Schmalspurbahn finanzieren. So verwundert es nicht, dass die kleine HBE ihre Linie in den braunschweigischen Harz hinein erweitern wollte und ihre Normalspur favorisierte. Die Steigungen von Blankenburg nach Hüttenrode sind jedoch ähnlich abenteuerlich wie die von Steinerner Renne nach Drei-Annen-Hohne. Also doch eine Schmalspurbahn? Aber der Spurwechsel verursachte langfristig erhebliche Mehrkosten. Der oben schon zitierte Bericht von 1898 verdeutlicht dies: *„Bei Annahme einer Schmalspurbahn hätten heute z.B. in Blankenburg jährlich 48.000 Ladungen Schmalspurwagen umgeladen werden müssen, also pro Tag 160 Schmalspurwagen von 5.000 kg., hierzu wären grosse kostspielige Umladevorrichtungen und Gleisanlagen auf Bahnhof Blankenburg erforderlich gewesen.“*

Roman Abts Adhäsions-Zahnradbahn

Eine weit geschwungene Normalspurbahn war jedoch nicht finanzierbar. Den Ausweg brachte Roman Abts kombinierte Adhäsions- und Zahnradbahn für das Flachland und das Gebirge, die eigens für diese Strecke entwickelt und nachher in die Schweiz, nach Mittel- und Südamerika, in die USA, nach Japan und sogar ins Mutterland der Industrialisierung verkauft wurde. Damit das Unternehmen das Vertrauen der Anleger erwarb, stellte der Braunschweigische Landtag 500.000 Mark „unverzinslichen Zuschuß a fonds perdu“ zur Verfügung, den die Deutsche Bank zur Finanzierung einstrich. Daraufhin wurden für die Baukosten von 3,5 Millionen Obligationen und Aktien ausgegeben.

Beginn der Zahnstange an der Michaelsteiner Chaussee mit dem Ziegenkopfe im Hintergrund.

Die Prüfung des Systems Abt durch das Reichs-Eisenbahn-Amt auf einer ein Kilometer langen Versuchsstrecke bei Michaelstein (nahe Blankenburg) befriedigte die Aufsichtsbehörde: *„Geradezu glänzend bewährte sich das geniale System am folgenden Tage, am 19.Mai (1885), als mit einem aus neun Wagen im Gewichte von 119 Tons bestehenden Zuge die Fahrten wiederholt wurden. Die Einfahrt in die Zahnstange ging sofort mit grosser Leichtigkeit vor sich und die Lokomotive schob mit einer unvergleichleichen Sicherheit den Zug auf die stärkste Steigung von 1:16,66 hinauf und hielt auf Anordnung mitten auf dieser Steigung an. Der Zug stand auf der Steigung, ohne dass irgend eine Bremse ausser den Luftbremsen der Lokomotive angezogen war, fuhr wieder an und führte alsdann unter Anwendung dieser Luftbremsen den Zug mit dem gleichmässigsten Tempo zu Thal. Noch heute erinnern wir uns mit vieler Heiterkeit des Ausspruchs eines grossen Mannes, welcher als Zuschauer bei den Probefahrten, nachdem die Lokomotive wohl 10 bis 12 mal in die Zahnstange ein- und ausgefahren war, mit Emphase rief: „Es geht doch.““*

Der Bau der Bahn von Blankenburg nach Tanne

Nun konnte zügig gebaut werden. Am 1. November 1885 erreichte die Bahn Rübeland, am 1. Mai 1886 Elbingerode und am 15. Oktober 1886 Tanne. Sie kletterte von 198 Metern Höhe in Blankenburg bis auf 460 Meter Höhe in Tanne. Für die 27,2 Kilometer lange einspurige Strecke mit 11 Zahnstangenabschnitten brauchte die HBE also nur 15 Monate Bauzeit. Die Bahn durchfuhr auf ihrer gesamten Länge fast nur felsiges Terrain, die Bahneinschnitte waren 11,2 Kilometer, die Bahndämme 16 Kilometer lang, 14 Kilometer waren Kurven mit einer maximalen Steigung von 1:700. Rund 300.000m³ Fels bzw. Boden mussten deshalb bewegt und zwei Tunnel (Bielsteintunnel 465,7 m und Bismarcktunnel 186,5 m) gebohrt werden.

Eine technische Besonderheit war der Wechsel von Schub- und Zugbetrieb. Auf den Steigungsstrecken (Richtung Tanne: Blankenburg - Hüttenrode, Rübeland - Wechselstation hinter Elbingerode) schob die Lok, auf den Gefällstrecken zog sie (Richtung Tanne: Hüttenrode - Rübeland, Wechselstation - Tanne). Das konnte die Lok von Abt leisten, weil sie zwei getrennte Maschinen besaß, von denen die eine *„an der Außenseite der Rahmen liegende, die gewöhnliche Adhäsionsmaschine ist, während die innen zwischen den Rahmen liegende und durch zwei besondere Dampfcylinder bethätigte Maschine auf die in einem besonderen Rahmenpaare gelagerten Zahnräder wirkt.“*

Neben der Personenbeförderung rentierte sich für die Bahn vor allem der Transport von Koks nach Elbingerode und Rübeland und der Abtransport von gebranntem Kalk von dort. Durch den beginnenden Straßenausbau wurden auch in großen Mengen Harzer Pflastersteine befördert.

Albert Schneider

Der Initiator dieser großartigen Eisenbahn war der Pfarrersohn Albert Schneider (1833-1910) aus Trautenstein, der in Blankenburg das Gymnasium besuchte, an der TH in Braunschweig Maschinenbau studierte und anschließend in Italien und Russland Eisenbahnen aufstellte. 1873 wurde er der erste Betriebsdirektor der Halberstadt-Blankenburger Eisenbahn. In dieser Funktion tat er sich mit dem

Geheimer Baurath Alb. Schneider,
Betriebsdirektor von 1873–1886. Vorstand der Halberstadt-Blankenburger Eisenbahn-Gesellschaft bis 1. Oktober 1892.
Vorsitzender des Aufsichtsraths von 1893 ab.

Wandern

Vom oberen Schloss, erreichbar über die Stiege am Marktplatz, führt der angenehm zu gehende und landschaftlich schöne Herzogsweg zum Albert-Schneider-Denkmal und über den Ziegenkopf zurück in die Stadt. Wer noch weiter gehen möchte, folgt dem Herzogsweg bis zum Weiler Jasperode und geht über den Wanderweg Klostergrund zurück nach Michaelstein und Blankenburg.

Die frühere Kaiserwarte, für Wilhelm I. errichtet (vgl. Seite 86), heute Wilhelm-Raabe-Warte, erreicht man, wenn man vom Markt die Tränkestraße zum Kurpark geht, sich dort links hält (Gartenstraße), der Roman-Abt-Straße folgt, in die Rübelandstraße einbiegt und da, wo sie einen Knick macht, zum Eichenberg hochsteigt.

Essen und Trinken

Das „Altdeutsche Kartoffelhaus" in der Passage der Marktstraße, gleich neben dem Rathaus, bietet eine Fülle schmackhafter Kartoffelgerichte. Berliner Kindl Bier.

Schweizer Ingenieur Roman Abt (1850-1933) zusammen, der ein Zahnstangensystem für Bergbahnen entwickelt hatte, bei dem drei schräg versetzte Zahnräder in drei schräg versetzte Zahnstangen greifen, so dass ein Rad immer fest verankert ist. Gerade für den Transport schwerer Güter aus und in den Harz war dieses System gut geeignet, wie Schneider wusste.

Sicherlich ist es kein Zufall, dass er 1886 die Gründung des **Harzklubs** förderte, der den Harz touristisch erschloss und dessen erster Vorsitzender er wurde – seine Eisenbahn brauchte nicht nur Frachtgut, sondern auch staunende Touristen. Die Lokalzeitung Blankenburgs berichtete 1890 über einen Besuch des dänischen Touristenvereins: *„Die 25 Herren und 9 Damen (aus Kopenhagen), am Sonnabend vom Brocken kommend, wurden vom Obercontrolleur hiesiger Bahn, Herrn Feyertag, in Omnibussen nach Rothehütte geleitet und vom kgl. Regierungsbaumeister, Herrn Glanz, in Rübeland bewillkommnet und zugleich mit dem System der Zahnradbahn und der Zahnrad-Locomotive ... bekannt gemacht. Bei prächtigem Wetter ging nach der Besichtigung der Hermannshöhle die Fahrt von Rübeland Nachmittag 4.58 Uhr vor sich; staunend und bewundernd schauten die Gäste die herrlichen Aussichtspunkte, den Naturreiz, den diese Tour von den offenen Wagen der Zahnradbahn aus bot, und wohlgemuth trafen dieselben kurz nach 6 Uhr auf dem hiesigen, mit dänischen und deutschen Flaggen geschmückten Bahnhofe ein. Begrüßt von dem ersten Vorsitzenden des Harzclubs, Herrn Bahndirektor Schneider und empfangen von den Klängen der dänischen Nationalhymne seitens der ganzen Stadtkapelle, marschirten unter Vorantritt der Musik die Theilnehmer bald nach den Hotels „Weißer Adler“ und „Zur Krone“, woselbst für sie Wohnung bestellt worden war.“*

Der tüchtige Förderer der Harzer Wirtschaft Albert Schneider verstarb 1910 und erhielt bei Blankenburg ein Denkmal, das an seine Aktivitäten als Förderer der Eisenbahn und des Harztourismus erinnert. Oberforstrat Reuß sagte bei der Einweihung: *„Dem stillen Denkmal, das Dir Deine Zeitgenossen in ihrem Herzen aufgerichtet haben, fügen wir ein Denkmal aus Stein hinzu, das auch in fernsten Zeiten dem Harzer und seinen Freunden künden soll, daß hier ein braver deutscher Mann gelebt und gewirkt hat.“*

Die Blankenburger haben dem Denkmal die Treue gehalten, trotz Verbot des Harzklubs in DDR-Zeiten. Ein anderes Denkmal hat er sich selbst gesetzt: er stiftete den kleinen Brunnnen am Marktplatz. Seine Bergbahn fährt seit 1966 bis Königshütte (früher Rothehütte) elektrisch und zwischen Blankenburg und Hüttenrode auf einer neuen Strecken- und Gleisführung, weil die DDR den Kalk aus Rübeland dringend für die chemische Industrie in Buna brauchte. Dafür bekam Blankenburg sogar einen neuen Rangierbahnhof, den Schneider aus Kostengründen noch eingespart hatte.

Albert-Schneider-Denkmal

B27 in Richtung Hüttenrode; das Denkmal steht rechts von der Straße, dort wo hinter dem Gasthof Ziegenkopf der Herzogsweg die B27 kreuzt. Die Zahnradbahn ist verschwunden, auch ihre Gleise. Ein musealer Rest wurde vor einem stillgelegten Sägewerk aufgestellt, das an der Straße Hüttenrode-Rübeland liegt (kurz vor dem Ortseingang Rübeland).

Wahlrechtsdemonstration im Bürgerpark am 6. März 1910 (Propagandapostkarte vom gleichen Jahr)

16 Das Jasper-Denkmal in Seesen

Die Wahlrechtskämpfe

Am 26. Januar 1910 veröffentlichte der sozialdemokratische „Volksfreund", Untertitel „Organ für die Interessen des werktätigen Volkes im Herzogtum Braunschweig", zu der Überschrift „Die braunschweigische Dreiklassenschmach im Bilde" auf der ersten Seite eine Graphik, die das Wahlrecht im Lande kommentierte: Würde wie im Reich für die Wahlen zum Landtag gleiches, geheimes und direktes Wahlrecht herrschen, erhielte die SPD 19, der Bund der Landwirte und der Nationalliberale Verein 18, die Welfenpartei 8, die Freisinnige Vereinigung 2 Mandate und das Zentrum 1 Mandat. In diesem Landtag hätte die Sozialdemokratie die Möglichkeit einer qualifizierten Mitsprache.
Nach dem braunschweigischen Wahlrecht, das bis zum Ende des Herzogtums galt, sah es ganz anders aus: Nationalliberale und Landwirtebund hatten 46 Mandate, Welfenpartei und SPD je ein Mandat. Allerdings ist eine „Parteizugehörigkeit" bei den Landtagswahlen nur dann erkennbar, wenn sich der Mandatsträger zu einer solchen bekannte, denn nach Parteien wurde nicht gewählt.
Wie ist das alles zu erklären? Nach dem Wahlgesetz von 1899 wählten die Städte und die Landgemeinden je 15 Abgeordnete nach dem Dreiklassenwahlrecht (abgestuft nach drei Steuerklassen) und 18 Abgeordnete nach Berufsständen (evangelische Landeskirche 2, Großgrundbesitzer 4, Gewerbetreibende 3, wissenschaftliche Berufsstände 4, Höchstbesteuerte 5). Diese Wahlen waren zudem indirekt, das heißt die Wähler wählten Wahlmänner, die aus ihren Reihen den Mandatsträger kürten. Da die 30 Mandate der Städte und Landgemeinden von den drei Klassen gemeinsam gewählt wurden, ging die dritte Klasse immer leer aus.
Nach diesem Wahlrecht, das nicht nur von den unterprivilegieren Schichten als das verzwickteste und ungerechteste im Deutschen Reich bezeichnet wurde, erhielt nur einmal, im Jahre 1909, ein Vertreter der Arbeiterpartei SPD ein Mandat: **Dr. Heinrich Jasper,** ein begüterter Rechtsanwalt, der seit 1903 der Sozialdemokratie angehörte. Ihm wurde jedoch die Ausübung dieses Mandates verweigert.
Der 1909 gewählte Landtag trat erst am 25.1.1910 zusammen. Kurz davor wurde das Mandat Jaspers für ungültig erklärt. Der „Volksfreund" zitierte ihn am 21.1.1910 unter dem Titel „Nicht gehaltene Rede zur Eröffnung des Landtages":
„Der berühmteste Mann des Herzogtums Braunschweig, Wilhelm Raabe, der Ehrenbürger der Residenz, ist ein schlichter Wähler der dritten Klasse, weil er kein akademisches Studium absolviert und es nicht verstanden hat, sich ein großes Vermögen zusammenzuwuchern. Ein Hausbesitzer der Bruchstraße hingegen, der Braunschweiger Hurengasse, der von der strafgesetzlich verbotenen, in Braunschweig aber von der Polizei reglementierten Kuppelei lebt, ist nicht nur Wähler erster Klasse, sondern gehört auch noch zu den im Wahlgesetze besonders bevorrechtigten Besitzern höchster Einkommen . . .
Wir wissen nicht, ob Sie an Recht und Gerechtigkeit glauben. Wenn Sie daran glauben, dann müssen Sie sich selbst sagen, daß es mit der Volksentrechtung durch das Dreiklas-

Gefallenendenkmal für die Opfer des ersten Weltkriegs in Seesen (Postkarte von 1925)

senwahlrecht in Braunschweig nicht so weiter gehen kann; dann müssen Sie sich selbst sagen, daß sich nur ein verdummtes, versklavtes, verkommenes und charakterloses Volk ein solches Unrecht auf die Dauer gefallen läßt. Und wenn Sie sich das nicht selbst sagen, dann werden wir es Ihnen beibringen, darauf können Sie sich verlassen, so sehr Sie auch auf Ihre usurpierte Macht jetzt noch pochen und krachen."

Heinrich Jasper wurde 1875 als Sohn von Carl August Jasper geboren. Der Vater war Pächter des Rittergutes Dingelbe (Kreis Hildesheim-Marienburg) und verheiratet mit einer Braunschweiger Professorentochter. In der Ehe kriselte es sehr bald, sodass der Vater seinen Sohn Heinrich schon mit dem sechsten Lebensjahr einem befreundeten Forstmann zur Erziehung anvertraute. Von diesem wurde er mit den Ideen des Sozialismus vertraut gemacht.

Als Heinrich elf Jahre alt war, wurde die Ehe der Eltern geschieden. Der Vater gab das Gut auf und lebte als Rentier von seinem erheblichen Vermögen in Braunschweig. Heinrich besuchte zunächst in Hildesheim ein Gymnasium und von 1890 bis zum Abitur 1894 das humanistische Neue Gymnasium (Wilhelm-Gymnasium) in Braunschweig. Anschließend studierte er Rechts- und Staatswissenschaft in München, Leipzig und Berlin, promovierte und absolvierte seinen Vorbereitungsdienst beim Magistrat in Braunschweig. Nach dem Assessorexamen 1901 machte er sich als Rechtsanwalt selbständig (Anwaltspraxis in der Dankwardstraße).

In der SPD, der er 1902 beigetreten war, machte er schnell Karriere. Bereits 1903 wurde er zum Stadtverordneten gewählt. Anders als bei den Landtagswahlen stimmten die Bürger bei den Stradtverordnetenwahlen getrennt nach Klassen ab, sodass nach diesem Verfahren auch Sozialdemokraten gewählt werden konnten, wenn auch nicht nach demokratischem Gleichheitsprinzip.

Die Zeit, in der Jasper in die SPD eintrat, war vom Richtungsstreit gekennzeichnet. Parteilinke lehnten den Parlamentarismus ab und wollten die Arbeiter durch Streiks und Massenproteste auf eine Revolution vorbereiten (Carl Stegmann), die Rechten wollten durch die Wahlkämpfe die Arbeiterschaft politisieren, um langfristig zu einem gerechten Wahlsystem und politischer Mitentscheidung zu kommen (Heinrich Jasper). Jasper gehörte 1903 zur Minderheit, konnte jedoch mit seiner gemäßigten Politik im Stadtparlament Zeichen setzen: Einrichtung einer Volkslesehalle und der Freien Volksbühne zur Förderung der Arbeiterbildung, Bau eines öffentlichen Stadtbades mit medizinischer Abteilung und Ausbau von Sport- und Erholungseinrichtungen.

In den Massenprotesten gegen das ungerechte Wahlsystem fanden Parteilinke und Parteirechte vorerst eine gemeinsame Agitationsbasis. Am 21. Januar 1906 fand die erste derartige Protestveranstaltung statt, sie war ein Reflex auf die russische Revolution von 1905. Am 26. Januar 1910 kam es nach der Verweigerung des Landtagsmandats für Jasper bei einer Demonstration zu Zusammenstößen mit der Polizei. Der „Volksfreund" berichtete am 28.1.: *„Die Arbeiter zogen gestern abend kurz vor 6 Uhr direkt in ihrem Arbeitszeuge aus der Fabrik kommend in großen und kleinen Trupps von allen Seiten nach dem Bohlwege vor das Ministergebäude, wo man die Landtagsabgeordneten beim Schmause vermutete, um diesen Abgeordneten zu zeigen, daß das Volk nicht mehr willens ist, sich noch länger das skandalöse Wahlunrecht gefallen zu lassen. Singend kam ein großer*

1946 weihte die sozialdemokratische Ministerin Martha Fuchs in Seesen zwei Denkmäler ein: für die von den Nationalsozialisten getöteten Sozialdemokraten und an der Stelle, wo die Synagoge gestanden hatte, einen Stein für die vertriebenen und ermordeten Juden.

Trupp über den Hagenmarkt gezogen und machte auf dem Bohlwege Halt...“ Nach einem Signalschuss zogen die Polizisten ihre Säbel und hieben auf die Arbeiter ein.
Nach dem Motto: Jetzt erst recht! folgten am 6. 2. ein „Wahlrechtsspaziergang“, am 6. 3. eine Wahlrechtskundgebung im Bürgerpark, am 1. 5. die Maidemonstration und am 22. 5. eine Protestversammlung, jeweils mit mehr als 10.000 Menschen. Erfolg hatten diese Demonstrationen insofern, als die Arbeiterschaft, wie Rechte und Linke es wünschten, politisiert und radikalisiert wurden.
Die Streikbereitschaft setzte sich folgerichtig auch im ersten Weltkrieg fort. Jugendliche revoltierten gegen einen Erlass, der sie zwang, einen Teil ihres Lohnes sparen zu müssen, Hausfrauen revoltierten wegen mangelhafter Versorgung, und schließlich kam es 1917 zu einem Generalstreik, weil in Berlin Karl Liebknecht, der Repräsentant der Parteilinken, ins Gefängnis geworfen worden war. Die anhaltenden Proteste beantwortete das Stellvertretende Generalkommando in Hannover mit der Übernahme der Polizeigewalt und verordnete die Einberufung aller wehrpflichtigen Streikenden zum Heeresdienst.
Auf der anderen Seite bemühte sich das Staatsministerium um ein neues Wahlgesetz, um die Arbeiter zu beruhigen. Anfang 1918 legte es einen Gesetzesentwurf vor, nachdem 30 von 48 Abgeordnete in gleicher und geheimer Wahl gewählt werden sollten, 18 weiterhin wie früher nach Berufsständen. Darüber stritt der Landtag bis zur Novemberrevolution 1918, zu einer Entscheidung kam es nicht. Die blieb der Revolution vorbehalten.
Weil die Staatsregierung die radikalen Kräfte der Arbeiterbewegung in Braunschweig fürchtete, beantragte sie bei der Obersten Heeresleitung im Oktober 1918 die Entlassung des Vizefeldwebels Jasper aus dem Kriegsdienst: Er sollte die erwartete Revolution zügeln. Zunächst gelang ihm dies nicht - die Wahlrechtskämpfe hatten die Massen soweit politisiert, dass die Parteilinken, die 1916 aus der SPD ausgetreten waren, den Kurs bestimmten. Erst als ihr chaotisches Regime durch den Einmarsch von Freikorpstruppen 1919 beendet worden war, gelangte Jasper an die Spitze der Staatsregierung. Als Ministerpräsident und Finanzminister konsolidierte er die zerrütteten Finanzen des Landes und blieb die bestimmende Persönlichkeit in der SPD Braunschweigs.
1933 verhafteten ihn die Nationalsozialisten, folterten ihn und verschleppten ihn nach Dachau. Erst 1939 konnte er zurückkehren, lebte zurückgezogen und beschäftigte sich mit historischen Forschungen, bis er 1944 nach dem Attentat des 20. Juli erneut verhaftet und nach Sachsenhausen gebracht wurde. Nach der Räumung des Lagers transportierte man ihn nach Bergen-Belsen, wo er und viele Leidengefährten an Entkräftung starben.
Nach dem Kriege gedachte man in allen größeren Orten des Landes seines Martyriums durch die Benennung von Straßen und die Enthüllung von Denkmälern wie dem in Braunschweig an der heutigen Bezirksregierung und in Seesen am Ende der Jacobsonstraße. In das Seesener Denkmal, eine rund vier Meter hohe, auf einem Sockel ruhende Sandsteinsäule, hat der Steinmetz ein Reliefbild Jaspers und die Erläuterung eingemeißelt: *„Dr. Heinrich Jasper. Ministerpräsident des Landes Braunschweig 1875-1945. Er gab sein Leben für Freiheit und Recht.“*

Das letzte Denkmal einer denkmalssüchtigen Zeit: „Heinrich der Löwe in Eisen" vor dem herzoglichen Residenzschloss in Braunschweig. In die hölzerne Figur konnte jeder einen Nagel einschlagen (lassen), wenn er eine bestimmte Summe für den Krieg gespendet hatte. Heute steht das eisengespickte Denkmal im Landesmuseum am Burgplatz (Postkarte von 1916, ebenfalls eine Spendenkarte).

Wandern

Ein Bummel durch den Ort und die Parkanlagen

Essen und Trinken

Der „Ratskeller" von Seesen (an der Bundesstraße nach Salzgitter-Bad) bietet nicht nur deftige regionale Küche zu angemessenen Preisen (Einbecker Bier), sondern ist von historischem Interesse, denn er wurde als Stammhaus der Braugilde und Hochzeitshaus erbaut. Wer brauen oder feiern wollte, zahlte eine Nutzungsgebühr. Und wie lange Zeit üblich, bezahlte der Rat Beamte oder Lehrer zum Teil mit Naturalien, wie die Speisekarte zu berichten weiß: *„Um den Säckel des Stadtkämmerers zu schonen, wurden die städtischen Beamten zu Seesen in jener Zeit teilweise mit Naturalien entlohnt. Ein großer Teil dieser Entlohnung bestand für die ehrwürdigen Herren aus Brautagen. So wurden dem Bürgermeister der Stadt zwei Brauzeiten zugeteilt, in denen er pro Jahr dreimal brauen durfte."* Und beileibe nicht nur für den eigenen Bedarf.

Auch eines historischen Ereignisses kann sich der „Ratskeller" rühmen: Hier wurde 1886 der „Harzklub" gegründet (vgl. S.117).

17 Das Kolonialdenkmal an der Jasperallee

Das Denkmal als Problem

Im Herbst 1990 kam es zu einer Kontroverse im Stadtbezirksrat 120. Die SPD-Fraktion stellte den Antrag, das Kolonialdenkmal zu versetzen. Begründung: Es sei falsch plaziert, denn die Straße, an der es steht, ist nach einem Opfer des Nationalsozialismus, **Dr. Heinrich Jasper**, benannt. Es feiere den Imperialismus, der zum Nationalsozialismus geführt habe. Es könne außerdem Anhängern rechtsradikalen Gedankenguts als Forum der Identifizierung dienen. Als Gedenkstätte für Tote gehöre es auf den Friedhof, als zeitgeschichtliches Denkmal ins Museum. Die CDU formulierte Gegenargumente, die sich mit den Einwänden des Bauordnungsamtes deckten: Das Denkmal erinnere an ein abgeschlossenes Kapitel deutscher Geschichte. Als Zeugnis der Vergangenheit informiere es über deutsche Geschichte und fordere zur Auseinandersetzung mit ihr heraus. Das Städtische Museum sei kein geeigneter Ort, da sich *„Zeugnisfunktion und Mahnfunktion"* nur vor Ort entwickeln könnten.

Was macht Denkmäler zu Steinen des Anstoßes? Zweifellos die von ihnen transportierte politische Botschaft. Niemand wollte nach 1945 Denkmäler der Nationalsozialisten bewahren, sie wurden umgestürzt, gesprengt, dem Erdboden gleichgemacht. Auch die Nationalsozialisten zerschlugen 1933 Erinnerungen an die ihnen verhasste „Systemzeit" und ihre politischen Repräsentanten: Denkmäler für Friedrich Ebert und August Bebel in Braunschweig.

Aber gelegentlich werden Denkmäler auch „umgewidmet" – ihre Botschaft wird dem Zeitgeist angepasst. Nach dem Kriege kam die neugeschaffene Bundeswehr auf die Idee, am ***Schilldenkmal*** in Braunschweig (Seite 75) Kränze für die Gefallenen des zweiten Weltkrieges niederzulegen. Zu diesem Zweck erhielt es, das einmal Freiheitskämpfern gewidmet war, eine neue Inschrift: Nun gedachte es der Angehörigen einer Armee, mit der ein verbrecherischer Angriffskrieg geführt worden war. Und was nicht ausbleiben konnte: Nicht nur die Bundeswehr trauerte, auch die ehemaligen Angehörigen der Waffen-SS legten am Volkstrauertag ihre Kränze dort ab. Das hatte zur Folge, dass antifaschistische Gruppen solange rabiat protestierten, bis der Regierungspräsident Schneider 1996 die offiziellen Kranzniederlegungen am Volkstrauertag zum Kriegsopferdenkmal auf dem Hauptfriedhof umlenkte.

Das Kolonialdenkmal erinnert an die nach 1884 vom damaligen Kaiserreich erworbenen Kolonien und die im Kampf um sie Gefallenen. Auf die Idee, ihnen ein Denkmal zu widmen, kam man allerdings erst, als diese Kolonien an die Siegermächte des ersten Weltkriegs abgetreten werden mussten. Am 1. April 1925 veröffentlichte die konservative „Braunschweigische Landeszeitung" einen Aufruf des „Vereins ehemaliger Ostasiaten und Afrikaner" – das waren vor allem ehemalige Angehörige der „Schutztruppen" – und bat um Spenden für ein Denkmal. Vordergründig sollte es der 5000 „gefallenen Helden" der Kolonial-

IN
DANKBARER ANERKENNUNG
FÜR DIE UNS
ZU DEM BAU DIESES DENKMALS
GEWÄHRTE UNTERSTÜTZUNG

VEREIN EHEMALIGER OSTASIATEN
UND AFRIKANER BRAUNSCHWEIG
DER VORSTAND

Spendenschein des „Vereins ehemaliger Ostasiaten und Afrikaner“ für die Errichtung des Kolonialdenkmals

kämpfe in Afrika und Asien gedenken (darunter 50 aus Braunschweig), eigentlich aber der Bevölkerung von Braunschweig signalisieren, dass sie sich jederzeit der „Schmach des Versailler Vertrages“ zu erinnern und für den Wiedererwerb der Kolonien zu streiten habe. In diesem Vertrag von 1919, den die Siegermächte des ersten Weltkriegs Deutschland diktiert hatten, wurde den Deutschen u.a. die Fähigkeit zu kolonisieren abgesprochen. Man berief sich dabei vor allem auf die gnadenlose Bestrafung der Hereros und Namas in Südwestafrika, gegen die ein systematischer Ausrottungsfeldzug geführt worden war. Mit dieser Begründung unterstellte der Völkerbund 1920 die deutschen Kolonialgebiete der Mandatsherrschaft Englands, Frankreichs und Japans. Faktisch war es jedoch eine Annexion.

Schon am 13. und 14. Juni 1925 konnte das von Hermann Flesche (1886-1972) entworfene Denkmal feierlich eingeweiht werden. Flesche war Professor für Bau und Kunst an der Technischen Hochschule, entwarf das Siegfriedviertel und die Siedlung Lehndorf und leitete die Altstadtsanierung in den 30er Jahren. Die Modellierung des Löwen übernahm Jacob Hoffmann (1876-1955), Professor für Modellieren und Aktzeichnen an der TH. Von ihm stammen so unterschiedliche Plastiken wie das Besenmännchen in der Mauernstraße und das ***Jasperdenkmal*** an der Rückfront der Bezirksregierung.

Die zweitägigen Feiern der Einweihung begannen mit einem Festabend im Konzerthaus unter dem Motto *„Wir wollen und müssen unsere Kolonien wiederhaben“.* Zahlreiche Redner rechtsgerichteter Parteien und Organisationen kamen zu Wort: *„Wir kämpfen ohne Unterlass für unseren Kolonialbesitz“* (Herzog Adolf Friedrich von Mecklenburg), *„Heraus mit unseren Kolonien, vorwärts für Schwarz-Weiß-Rot!“* (Landesverbandsführer des konservativen Frontkämpferverbandes Stahlhelm, Uhlenhaut). Am zweiten Tag folgte ein Freigottesdienst, an dem die zahlreichen Vereine und Verbände, die den Kolonialgedanken unterstützten, mit Abordnungen teilnahmen: Nicht nur Braunschweiger, auch Vertreter aus Königsberg, Breslau, Köln und Würzburg erwähnen die Zeitungen. Die Festrede hielt Pastor Ernst Brutzer von der Magnikirche, der aus dem Baltikum stammte und als Missionar in Indien gearbeitet hatte. Es folgten die feierliche Enthüllung und Kranzniederlegungen unter dem Glockengeläut der nahen Garnisonskirche.

Das sarkophagartige Denkmal ist 2,35m hoch und 2,60m breit und wie viele Braunschweiger Denkmäler aus Elmkalkstein. Auf einer Bodenplatte sitzt der Gedenkstein mit Sockel, Bildzone und Gesims. Frontseitig ist in die Bildzone ein Löwe gemeißelt, verwundet, aber kampffähig, der mit einer Pranke die Weltkugel umkrallt, auf der die Umrisse von Afrika und Indien zu erkennen sind. Im Sockel der Front ist in goldenen Lettern der Schriftzug eingraviert: *„Gedenket unserer Kolonien und der dort gefallenen Kameraden“.* Die seitlichen Bildzonen zählen die ehemaligen Kolonien auf, die rückwärtige Bildzone fasst den Anspruch auf die Kolonien mit dem Sternbild Kreuz des Südens und dem Wahlspruch *„per aspera ad astra“* zusammen.

Bis 1936 bildete das Denkmal den Abschluß der Kaiser-Wilhelm-Straße – so hieß die Straße in ihrer Entstehungszeit vor 1918 und zwischen 1933 und 1945. In der Weimarer Republik hieß sie Friedensallee und seit 1945 Jasperallee. Die Wahl des Standorts war zugleich Programm: Die

Das Kolonialdenkmal an der ursprünglichen Stelle – vor der Teilung des Stadtparkes durch die Nationalsozialisten (Postkarte von 1925)

Kaiser-Wilhelm-Straße war die Repräsentationsadresse des Braunschweiger Bürgertums, begann am Landestheater, dem Hort bürgerlicher Kultur, und reichte in einer gedachten Verlängerung über den Steintorwall zum Burgplatz, dem alten herzoglichen Kraftzentrum und dem politischen Machtzentrum mit Regierung, Rathaus und Justizpalast. Nach Osten hin folgte, an das Denkmal anschließend, der noch ungeteilte Stadtpark und dann das Franzsche Feld, auf dem die Jugend Sport trieb und auf dem Truppenparaden abgehalten wurden. Diesen Zusammenhang stellte auch die „Braunschweigische Landeszeitung" 1925 heraus, vor allem die Jugend sollte auf dem Weg zum Franzschen Feld das Denkmal ständig vor Augen haben und so niemals vergessen, für den Wiedererwerb der Kolonien zu kämpfen. Dieses Denkmal hatte also von Anfang an eine politische Funktion.

Die Nationalsozialisten übernahmen die Kolonialpropaganda der rechten und monarchistischen Verbände. In den Heimnachmittagen der Hitlerjugend wurden die Kolonialpioniere Lüderitz und Peters als Helden gefeiert, und das Kolonialdenkmal diente als Monument der Heldenverehrung. Allerdings war den Nationalsozialisten die Eroberung von „Lebensraum im Osten" wichtiger als der Wiedergewinn der Kolonien, und die eigene Parteigeschichte war ihnen bedeutsamer als die Kolonialgeschichte. Auf dem Franzschen Feld hatte Hitler im Oktober 1931 die letzten Fahnen und Standarten der SA-Verbände vor der Machtübertragung 1933 geweiht, vor der Kulisse von 100000 SA-Männern, die aus ganz Norddeutschland zusammengezogen worden waren. Damit hatte das Franzsche Feld Kultcharakter bekommen. Deshalb wurde der Stadtpark, der bis 1935 einen Riegel zwischen Kaiser-Wilhelm-Straße und Franzschem Feld gebildet hatte, durchbrochen, um eine Aufmarschzone zu schaffen, die vom Landestheater bis zum Rondell auf dem Nussberg reichte, wo Hitler gestanden, gesprochen und Fahnen geweiht hatte. Das Kolonialdenkmal war im Wege und wurde an die Seite gestellt. Seine Bedeutung als Propagandainstrument aber behielt es.

Erst nach 1945 verlor es diese Bedeutung. Kolonien wollten die Braunschweiger nun nicht mehr haben oder zurückgewinnen. Im Gegenteil sie schauten mit Häme auf die westeuropäischen Länder, die in einem schmerzhaften Ablösungsprozess nach und nach ihre Kolonien in die Unabhängigkeit entlassen mussten. Das Denkmal im Stadtpark wucherte immer mal wieder zu und wurde fast vergessen. Nur am Volkstrauertag legte die Stadt dort einen Kranz nieder, wie an allen Orten, wo Denkmäler an Kriegstote erinnern.

Hin und wieder aber nahm irgendwer Anstoß, so die SPD-Fraktion des Bezirks Stadtpark im Herbst 1990. Die Diskussion um das Denkmal ist nach der kurzzeitig heftig aufgeflammten Kontroverse wieder eingeschlafen. Der Vorschlag der CDU, eine Informationstafel zur Erläuterung aufzustellen, damit sich die Bürger produktiv mit diesem Denkmal auseinander setzen können, kam ebenso wenig zum Zuge wie der Vorschlag der Grünen, dem Kolonialdenkmal ein Antidenkmal gegenüberzustellen. Die Mehrzahl der Bürger der Stadt sieht es gelassen: Sie wissen weder, wofür es steht, noch wollen sie es wissen.

Quellenangaben und weiterführende Literatur

1 **Karl Brandes:** *„Das ehemalige fürstliche Lustschloß Salzdahlum und seine Ueberreste. Geschichtsabriß und Beschreibung"; Wolfenbüttel 1880*

Aufsatz von Edel *in „Braunschweigische Heimat", Nr.1 1932 und Nr.2 1933*

2 **Beatrix Freifrau von Wolff Metternich:** *„Porzellanmuseum Fürstenberg", Braunschweig 1992*

Günter Schmid: *„Geschichte des Zichorien-Kaffees", Stuttgart 1938*

Hans Klages: *„Die Entwicklung der Kulturlandschaft im ehemaligen Fürstentum Blankenburg", Bad Godesberg 1968*

3 **Karl Steinacker:** *„Die Bau- und Kunstdenkmäler des Kreises Blankenburg", Wolfenbüttel 1922*

4 **E.Tacke:** *„Bilder aus der Geschichte der Gemeinde Grünenplan und der Glasindustrie im Hils. 200 Jahre Grünenplan - 325 Jahre Glasherstellung im Hils", Alfeld 1949*

*„***Der Landkreis Holzminden***. Geschichte, Landschaft, Wirtschaft", Oldenburg 1967; darin Erich Mäder: „Glas aus Grünenplan"*

W.Becker: *„Die Fürstlich-Braunschweigischen Glashütten. Zur Wirtschaftsgeschichte Braunschweigs von 1740-1840", in „Niedersächsisches Jahrbuch" Band 4/ 1927*

5 **Alida Weiß:** *„Wer war Münchhausen wirklich?", Bodenwerder 1960*

Carl Haensel: *„Wie ich Münchhausen leibhaftig sah"; in Merian „Weserbergland" 1953*

6 **Wilhelm Raabe:** *„Das Odfeld"*

Werner Fuld: *„Wilhelm Raabe", München/ Wien 1993*

H.W. Göhmann: *„Kloster Amelungsborn. 850 Jahre St.Marien auf dem Odfeld", Holzminden 1982*

H.W. und M. Göhmann: *„Wilhelm Raabe und das Weserbergland. Ein Führer zu den Orten und Werken seiner Weserheimat", Holzminden 1979*

7 **Barbara Beuys:** *„Familienleben in Deutschland", Reinbek 1980*

W. Wächtershäuser: *„Das Verbrechen des Kindesmordes im Zeitalter der Aufklärung", Berlin 1973*

Gunnar Heinsohn und Otto Steiger*: „Die Vernichtung der weisen Frauen", Herbsteun 1985*

8 **Klaus Erich Pollmann** *(Hsg.): „Abt Johann Friedrich Wilhelm Jerusalem (1709-1789). Beiträge zu einem Colloquium anläßlich seines 200. Todestages", Braunschweig 1991 (darin alle verwendeten Zitate zu Jerusalem)*

Hermann Tiemann: *„Der Gutsherr von Vechelde", Braunschweig o.J. (1911)*

Wilhelm Bornstedt: *„Vechelde, Wasserburg, Schloß und alte Heerstraße" in „Heimatbote des Landkreises Braunschweig 1967", Braunschweig 1967*

9 **Dieter Lent:** *„Das Ringen um die Abtretung des braunschweigischen Landkreises Holzminden an Preußen (1939-1943)", in „150 Jahre Landkreis Holzminden", Holzminden 1982*

Johann Royer: *„Beschreibung Des ganzen Fürstl. Braunschw. gartens zu Hessen, mit seinen künstlichen Abteihlungen,*

Qvartiren, gehegken, gebeuden, Lauber Hütten, Wasser Künsten, Brunnen und ausgehawenen Bildern...", Hessen 1653

„1000 Jahre Hessen am Fallstein 966-1966", Halberstadt 1966

„Beiträge zur Geschichte der Gemeinde Hessen am Fallstein", Heft 3/ 1991, Wernigerode 1991

***P. Zimmermann:** „Der Schwarze Herzog Friedrich Wilhelm von Braunschweig", Hildesheim und Leipzig 1936*

10 ***August Meyer:** „Es ist ein altes schönes Land. Geschichte und Geschichten vom Weserbergland und seinen Menschen", Braunschweig 1991*

***Karl Steinacker:** „Die Bau- und Kunstdenkmäler des Kreises Holzminden"; Wolfenbüttel 1907*

11 ***Heinz Röhr:** „Der Elm. Geschichte einer Landschaft und ihrer Menschen", Braunschweig 1962*

***Kroker:** „Tetzel und die Beraubung seines Ablaßkastens. Aufsätze zur Leipziger Stadtgeschichte", Leipzig 1929*

12 ***Kreisarchiv Helmstedt**; Aufzeichnungen Heinrich Pöppers*

***Jutta Blumenau-Niesel:** „Dr. Hermann Bruno Otto Blumenau (1819-1899)", hektografierte Biografie im Verkehrsamt Hasselfelde, 1992*

*„**Revista do Sul**", Mai 1960*

***Gustav Stutzer:** „In Deutschland und Brasilien", Braunschweig 1913*

13 ***O. Hohnstein:** „Geschichte des Herzogtums Braunschweig", Braunschweig 1908*

***Otto Elster:** „Denkmäler, Denksteine und Erinnerungszeichen an die Herzöge von Braunschweig-Wolfenbüttel", Braunschweig 1889*

14 ***Karl Berthold Fischer:** „Chronik des Amtes Harzburg im XIX. Jahrhundert", Braunschweig 1912*

***H.A.Schultz:** „Die Reichsfeste Harzburg", Braunschweig 1969*

***Hans Hoffmann:** „Bad Harzburg und seine Geschichte. Bis Ende des 19. Jahrhunderts", Bad Harzburg 1994*

15 ***Werner Glanz:** „25 Betriebsjahre der Halberstadt-Blankenburger Eisenbahn vom 31.März 1873 bis 31.März 1898", Bad Harzburg 1898*

***Manfred Bornemann/Hans Dorner:** „75 Jahre Harzquerbahn und Brockenbahn", Clausthal-Zellerfeld 1975; darin der Aufsatz Niemann S.26ff.*

***Klaus Schröter:** „Blankenburg - Historie, Heimat, Humor", Ruth Gerig Verlag Königstein/ Taunus (jetzt Quedlinburg) 1991*

16 ***Friedhelm Boll:** „Massenbewegungen in Niedersachsen 1906-1920", Bonn 1981*

***Hans-Ulrich Ludewig:** „Das Herzogtum Braunschweig im ersten Weltkrieg", o.O. 1984*

***Ernst-August Roloff:** 100 Jahre Bürgertum in Braunschweig. II. Tradition und Wandel", Braunschweig 1987*

17 ***„Praxis Geschichte"** Heft 1/1993 „Imperialismus"; darin Reinhard Bein: „Das vergessene Kolonialdenkmal in Braunschweig", Braunschweig 1993*

Quellen
Fotos und Abbildungen

Otto Elster
„Denkmäler, Denksteine und Erinnerungszeichen an die Herzöge von Braunschweig-Wolfenbüttel", Braunschweig 1889
Seite 6 (2), 64, 72 (1), 98 (2),

Werner Glanz
„25 Betriebsjahre der Halberstadt-Blankenburger Eisenbahn vom 31. März 1873 bis 31. März 1898", Bad Harzburg 1898
Seite 110, 112, 114, 116,

Karl Steinacker
„Die Bau- und Kunstdenkmäler des Herzogtums Braunschweig. Vierter Band: Die Bau- und Kunstdenkmäler des Kreises Holzminden", Wolfenbüttel 1907
Seite 24, 40, 44, 76, 78,

Karl Steinacker
„Die Bau- und Kunstdenkmäler des Landes Braunschweig. Sechster Band: Die Bau- und Kunstdenkmäler des Kreises Blankenburg", Wolfenbüttel 1922
Seite 28, 92, 96,

Westermann Verlag
Redaktion Praxis Geschichte
Seite 126

Thea Ebeling
Seite 12, 14

Nora Kuntzsch
Seite 122

Porzellanmanufaktur Fürstenberg
PR-Abteilung
Seite 22

R. Bein
alle übrigen Postkarten und Fotos